螳螂拳

全民健身项目指导用书

程娜◎主编

U0782805

吉林出版集团股份有限公司　全国百佳图书出版单位

图书在版编目（CIP）数据

螳螂拳 / 程娜主编. -- 2版. -- 长春：吉林出版
集团股份有限公司, 2010.2（2024.8 重印）
全民健身项目指导用书
ISBN 978-7-5463-2377-0

Ⅰ. ①螳… Ⅱ. ①程… Ⅲ. ①螳螂拳 - 基本知识
Ⅳ. ①G852.18

中国版本图书馆 CIP 数据核字(2010)第 028380 号

全民健身项目指导用书

螳螂拳
TANGLANGQUAN

主　　编　程　娜
责任编辑　赵　萍
封面设计　吕宜昌
开　　本　650mm×960mm　1/16
印　　张　8
字　　数　60 千
版　　次　2010 年 2 月第 2 版
印　　次　2024 年 8 月第 4 次印刷

出版发行　吉林出版集团股份有限公司
地　　址　吉林省长春市福祉大路 5788 号
邮　　编　130000
电　　话　0431-81629968
电子邮箱　11915286@qq.com
印　　刷　三河市金兆印刷装订有限公司
书　　号　ISBN 978-7-5463-2377-0　定　　价　39.80 元

图书在版编目（ＣＩＰ）数据

淑女的品格 ／（日）山本文绪著 ；赵冰清译. －－ 海
口 ：南海出版公司，2018.8
ISBN 978－7－5442－9321－1

Ⅰ．①淑… Ⅱ．①山… ②赵… Ⅲ．①短篇小说－小
说集－日本－现代 Ⅳ．①I313.45

中国版本图书馆CIP数据核字(2018)第106794号

著作权合同登记号 图字：30-2017-063

KAMI KONSHIKI
©Fumio YAMAMOTO 1998
First published in JAPAN in 1998 by KADOKAWA CORPORATION, Tokyo.
Simplified Chinese translation rights arranged with KADOKAWA CORPORATION, Tokyo
through DAIKOUSHA INC., Kawagoe.

淑女的品格
〔日〕山本文绪 著
赵冰清 译

出　　版　南海出版公司　(0898)66568511
　　　　　　海口市海秀中路51号星华大厦五楼　邮编 570206
发　　行　新经典发行有限公司
　　　　　　电话(010)68423599　邮箱 editor@readinglife.com
经　　销　新华书店

责任编辑　翟明明
特邀编辑　陈文娟
装帧设计　韩　笑
内文制作　田晓波

印　　刷　北京中科印刷有限公司
开　　本　787毫米×1092毫米　1/32
印　　张　6.25
字　　数　109千
版　　次　2018年8月第1版
印　　次　2018年8月第1次印刷
书　　号　ISBN 978-7-5442-9321-1
定　　价　45.00元

序 言

　　自 1995 年我国政府推出《全民健身计划纲要》以来，我国群众性体育活动蓬勃发展，取得了显著的成绩。2008 年，举世瞩目的北京奥运会的成功举办，极大地激发了亿万人民群众的体育热情，增强了全社会的体育意识，营造了浓厚的全民健身氛围。面对这样的可喜局面，群众体育科研、教学工作者应义不容辞地为社会实践服务，从不同角度思考，如何使普通百姓通过简而易行的身体锻炼方式、方法和手段达到良好的健身效果，达到拥有健康的目标，从而享受生活、享受快乐人生。该书系就是在这样的思想指导下诞生的。

　　本书系能够顺应国家体育的大政方针，掌握时代脉搏，对指导大众健身，使大众掌握健身方法和手段有很好的促进作用。

　　本书系图文并茂，实用性强，分为球类运动、体操健身运动、传统武术、冰雪运动、水上运动、体育舞蹈、休闲运动、格斗运动、民间体育活动和极限运动等十大类项目，计 100 分册，按照统一的体例，力争有所创新。每册的具体内容为该项目的起源与发展、运动保健、基本

技术、运动技巧、比赛规则等，使读者在学习过程中，不仅能够学会运动健身的方法，同时还能够学到保健方面的基本知识。

　　经国务院批准，自 2009 年起，将每年的 8 月 8 日定为"全民健身日"。《全民健身项目指导用书》的出版，必将为开展全民健身活动起到积极的推动和指导作用。

目录 CONTENTS

目录 CONTENTS

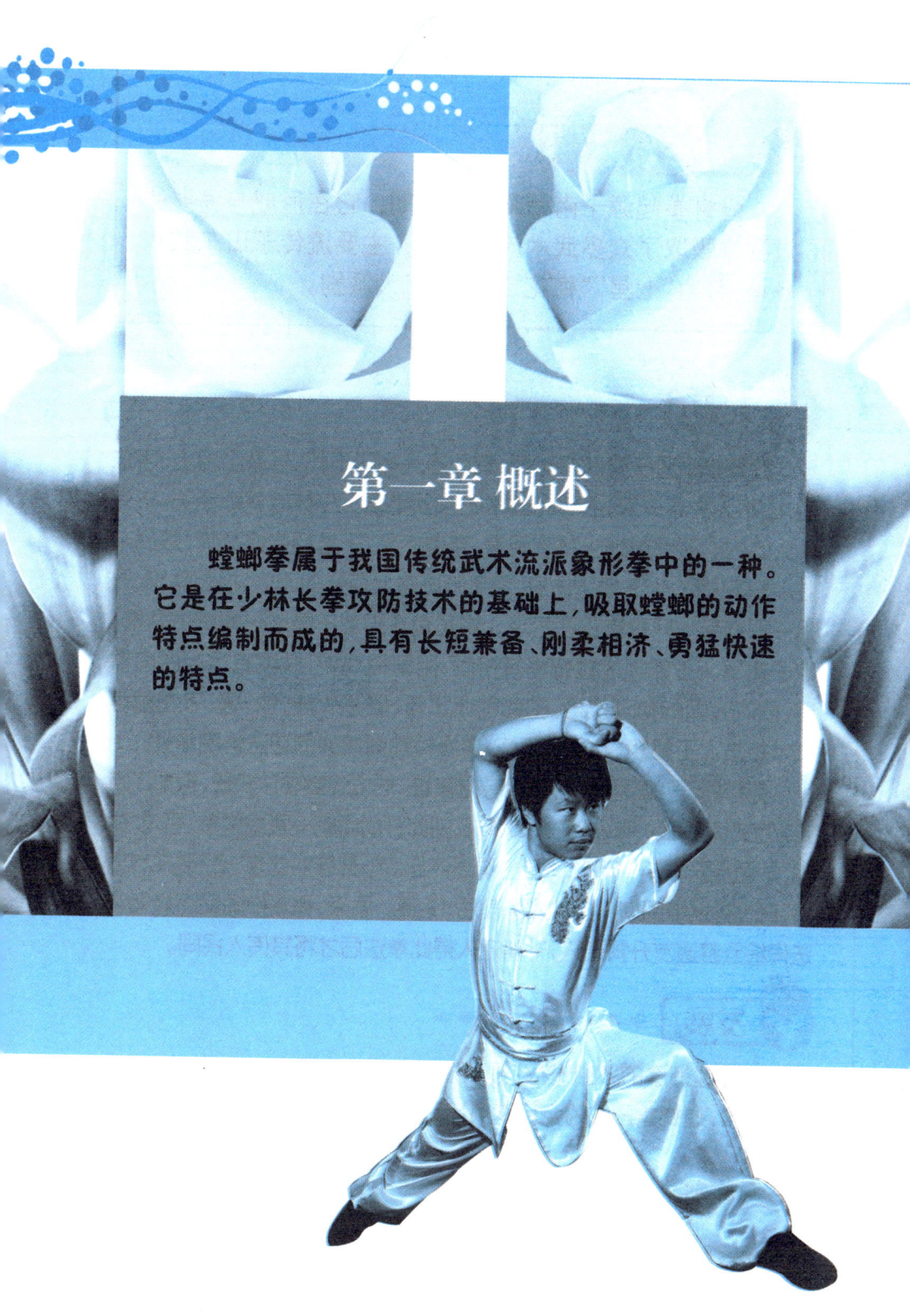

第一章 概述

螳螂拳属于我国传统武术流派象形拳中的一种。它是在少林长拳攻防技术的基础上,吸取螳螂的动作特点编制而成的,具有长短兼备、刚柔相济、勇猛快速的特点。

第一节

起源与发展

螳螂拳起源于南朝梁武帝时期，它在形成与发展的过程中吸取了众多武术流派之长，主要流传于山东胶东各地，分为"七星""梅花""六合"三大派别。

概述

 **起源** ◆◆◆◆◆◆◆

螳螂拳起源于梁武帝时期，其创始人名叫王郎，号茅山丹士，字法明，山东人士。一次，当时的武术名家云集嵩山少林寺演练拳法，不许外人入内。王郎想进少林寺观看，寺僧不允，于是与寺僧交锋，数战未胜。王郎失利，坐在树下休息，忽然听见树上有蝉的叫声，抬起头来，只见一只蝉与一只螳螂正在打斗，蝉虽有六脚却不能胜过螳螂的两臂，败于树下。王郎捉住螳螂将其带回，用草秸戏耍，观察其运用两前臂劈、砍、刁、闪的搏斗技巧，由此创造了勾、搂、采、挂、崩、劈、刁和截等武术技法。王郎朝夕揣摩、演练，最终将螳螂捕蝉的功法悟成拳理。

数年后，王郎回到少林寺与寺僧较量。他以螳螂拳法获胜，惊动了方丈。方丈请王郎入寺，演练螳螂拳法，由此开创出第一套螳螂拳，名为"崩捕"。王郎于入寺 3 年后，入茅山隐居不出。少林寺对此拳法轻易并不外传，后有福聚禅师创编出螳螂拳前后 16 趟。后来，福聚禅师又将螳螂拳法传给云游道友升霄道人，升霄道人得此拳法后才将其传入民间。

 **发展** ◆◆◆◆◆◆◆

随着螳螂拳的不断发展，逐渐演化成各种不同的派别，并被规范化。如今，螳螂拳已成为全民健身运动的有机组成部分。

▼ **派别**

螳螂拳主要分为七星螳螂拳、梅花螳螂拳和六合螳螂拳三大派别。

七星螳螂拳

七星螳螂拳又名"罗汉螳螂拳"，据说此拳创自山东福山人王永春。王永春初习长拳和地躺拳，于清光绪十四年（1888年）师从"快手李"学习螳螂拳。王永春以螳螂拳为基础，吸收所学，自成一体，取名"七星螳螂拳"。这一流派的基本架势以"七星步"为基础，劲力刚脆、裹横、直撞。此拳讲究身为上星、步走七星。

梅花螳螂拳

梅花螳螂拳的文献记载始于清代李秉霄。据《莱阳县志》记载，李秉霄为清乾隆年间山东莱阳小赤山史家河人，是梅花螳螂拳的主要传播者。由于此拳劲法上讲究顺劲、巧劲和柔劲，较七星螳螂拳在刚柔相济方面更为深化，所以被人称为"梅花螳螂拳"。又因此拳动作连绵不断，劲力较柔，也有人称之为"太极螳螂拳"或"太极梅花螳螂拳"。

六合螳螂拳

相传，六合螳螂拳的创始人是清同治年间山东莱阳城西魏家沟人魏德林。六合螳螂拳是在六合拳的基础上，融合了螳螂拳技法，吸纳了众多拳种的优点创编而成的。与其他各派螳螂拳种相比较，六合螳螂拳从动作外形上看偏柔，而实质上拳法劲力内敛，暗含刚柔之劲，因此又被人们称为"软螳螂"。又因其动作似马猴，两臂松柔而长，松肩探膀，放长击远，也有"马猴螳螂拳"之称。

传播

20世纪初叶，螳螂拳开始从山东向外传播，遍及北京和北方各省，甚至传播到香港等地。

新中国成立后，国家对螳螂拳的发展非常重视，多次组织专业人士对此拳术进行挖掘和整理。20世纪30年代以后，螳螂拳的发展更加迅速，各种武术组织的蓬勃兴起，也为螳螂拳的发展和走向正规化奠定了组织基础。目前，螳螂拳已被正式定为传统武术比赛表演项目。

螳螂拳内容丰富、形式多样,风格独特、运动简单、老少皆宜,具有广泛的群众基础。长期练习,可以提高身体的协调性、灵敏性和柔韧性,有助于身体各部位的均衡发展,对改善神经系统机能和心血管系统功能具有良好的促进作用。

随着我国经济的持续发展、人民生活水平的不断提高,健康已经成为人们追求高质量、高品质生活所最关心的问题。尤其是在《全民健身计划纲要》实施以来,全民健身运动在全国范围内蓬勃发展,具有中国特色的全民健身体系的框架已经初步形成,越来越多的人重视并参与到健身运动中来。螳螂拳以其独特的魅力,已经发展成为全民健身运动中不可缺少的重要组成部分,受到了越来越多的健身爱好者的喜爱。

第二节

场地和装备

螳螂拳运动对场地和装备的要求并不高,但是高质量的场地是此项运动能够顺利开展的前提,而良好的装备则是练习者发挥较高技术水平的必要保证。

 场地 ◆◆◆◆◆◆◆◆

初学者最好在体育馆或武术馆内的正规场地进行练习,练习时一定要遵循循序渐进的原则,以减少运动损伤。

 规格　见图1-2-1

(1)正规比赛中单练和对练项目的场地长为14米,宽为8米。

(2)集体项目的场地长为16米,宽为14米。

（3）场地四周内沿应标出5厘米宽的边线，边线外围至少有2米宽的安全区（集体项目要求至少有1米宽的安全区）。

设施

比赛场地应铺设地毯，以防止运动损伤。

要求

（1）比赛场地上空，从地面量起至少应有8米高的无障碍空间。

（2）如设两个以上比赛场地，两场地之间应有6米以上的距离。

图 1-2-1

装备

练习螳螂拳时最好穿专业的武术服和武术鞋，这样既有利于动作的舒展和增强美感，同时又可避免不必要的运动损伤。

 **服装** 见图 1-2-2

(1)女子服装为中式半开小褂(长袖或短袖自定),5 对中式直袢。

(2)男子服装为中式对襟小褂(长袖或短袖自定),7 对中式直袢。

(3)灯笼袖,袖口处加两对中式直袢。

(4)扎软腰巾,中式裤,西式腰,立裆要适宜。

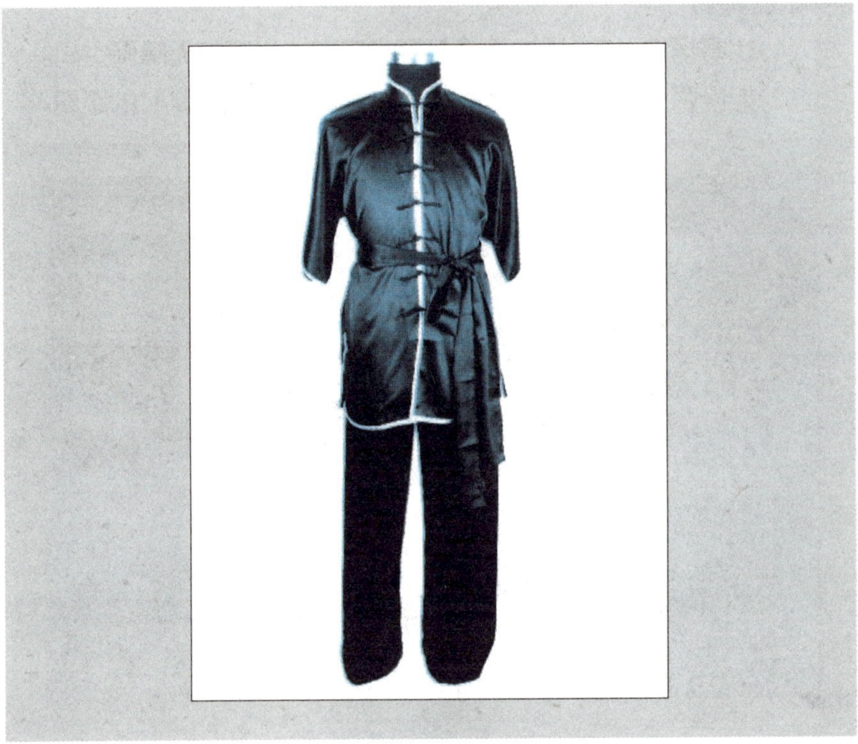

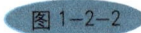

图 1-2-2

 **鞋** 见图 1-2-3

比赛和表演中常穿着的是以羊皮或帆布制面、软胶制底的武术表演专用鞋,这种鞋既舒适又美观。

图 1-2-3

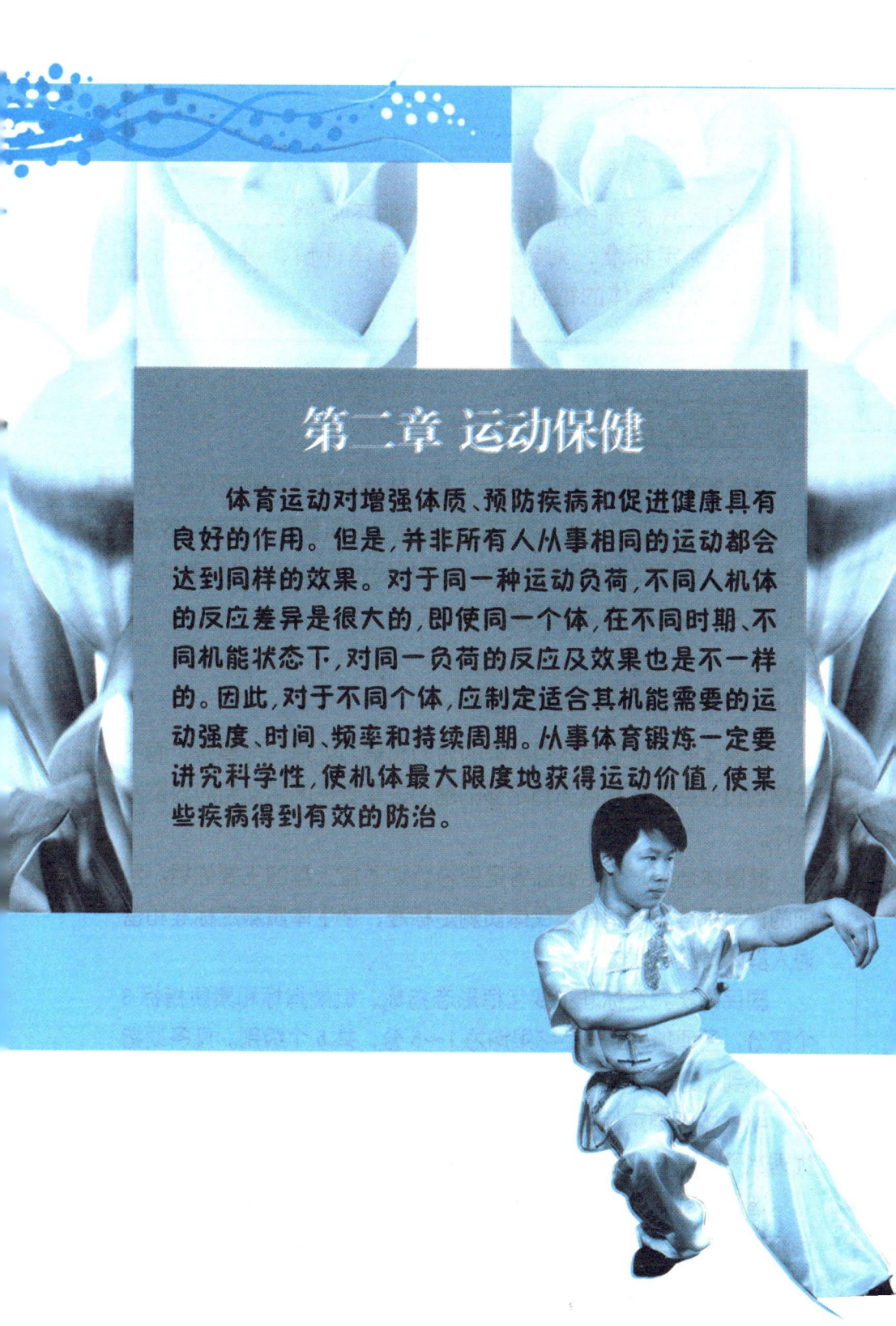

第二章 运动保健

体育运动对增强体质、预防疾病和促进健康具有良好的作用。但是,并非所有人从事相同的运动都会达到同样的效果。对于同一种运动负荷,不同人机体的反应差异是很大的,即使同一个体,在不同时期、不同机能状态下,对同一负荷的反应及效果也是不一样的。因此,对于不同个体,应制定适合其机能需要的运动强度、时间、频率和持续周期。从事体育锻炼一定要讲究科学性,使机体最大限度地获得运动价值,使某些疾病得到有效的防治。

第一节

自我身体评价

自我身体评价是指根据个体的不同情况以及简单的功能评定标准，对锻炼者进行身体评价，并以此为依据，确定具体的锻炼内容。

体适能是全身适应性的一部分，是人体精神和体力对现代生活的适应能力。为了促进健康，预防疾病，提高生活质量和工作学习效率，几乎所有人都可以追求健康体适能，而且经过简单的评价和测试，均可以成为目标人群，即适宜人群。

 健康体适能评价标准

健康体适能是指身体有足够的活力和精力处理日常事务，而不会感到过度疲劳，并且还有足够的精力去享受休闲活动和应对突发事件。

健康体适能是确定锻炼者是否为运动适宜人群的主要依据。目前的评价标准主要包括国民体质测定标准、学生体质测定标准和普通人群体育锻炼标准等。

国民体质测定标准主要包括形态指标、机能指标和素质指标 3 个部分，各项指标的测定结果均为 1~5 分，共 5 个级别。凡各项指标达不到 4 分或 5 分者，均应被纳入健身人群。

学生体质测定标准分为优秀、良好、及格和不及格 4 个级别。优秀水平以下者，均应被纳入健身人群。

普通人群体育锻炼标准分为 5 个级别，凡达不到 4 分或 5 分者，均应被纳入健身人群。

简易运动功能评定

简易运动功能评定的目的在于确定锻炼者有无运动禁忌症或临时运动禁忌的情况，即是否适合参加体育锻炼，以达到防备万一、避免意外事故发生的目的。目前通行的方式为3分钟踏台阶测试。

目的

测试锻炼者运动后心率恢复的情况，以评估其心肺功能。

器材 见图2-1-1

30厘米高的长凳、节拍器、秒表和时钟。

步骤 见表2-1-1

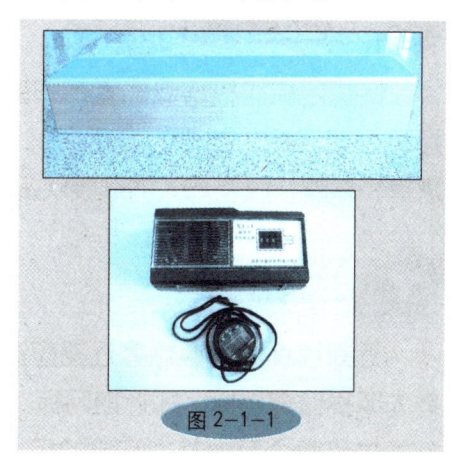

图2-1-1

（1）节拍器设定为每分钟96次，锻炼者依"上上下下"的节拍运动3分钟。

（2）锻炼者完成3分钟踏台阶后，5秒钟内开始测量其脉搏，时间为1分钟，记录其心率，并依据下表评价其功能水平。

（3）运动后心率越低，证明其心肺功能越好。在运动强度允许的范围内，锻炼者可选择运动强度的较高值来进行运动。

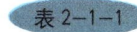 表2-1-1　3分钟踏台阶测试评价表

	年龄(岁)	欠佳(次)	尚可(次)	一般(次)	良好(次)	优异(次)
男士	18~25	>115	105~114	98~104	89~97	<88
	26~35	>117	107~116	98~106	89~97	<88
	36~45	>119	112~118	103~111	95~102	<94
	46~55	>122	116~121	104~115	97~103	<96
	56~65	>119	112~118	102~111	98~101	<97
	65+	>120	114~119	103~113	96~102	<95
女士	18~25	>125	117~124	107~116	98~106	<97
	26~35	>128	119~127	111~118	98~110	<97
	36~45	>128	118~127	110~117	102~109	<101
	46~55	>127	121~126	114~120	103~113	<102
	56~65	>128	118~127	112~117	104~111	<103
	65+	>128	122~127	115~121	101~114	<100

如锻炼者经过努力仍无法达标，或出现头晕、胸闷、出冷汗等症状，应立即终止测试。运动中应特别考虑运动强度，以防止出现意外。

运动保健

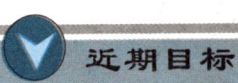

锻炼目标应根据锻炼者不同的身体状况来确定，可分为近期目标和远期目标。此外，确定锻炼目标还应结合锻炼者的运动意向、愿望、兴趣，以及本人的健康状况、疾病程度等因素来进行。

近期目标

近期目标是指锻炼者近期应达到的目标。在进行运动之前，应首先明确锻炼目标，即近期目标。选择一两个健康体适能构成要素，作为未来两个月内努力完成的目标，而且应从成功概率较高的构成要素开始，并将预期两个月后要达到的目标做上记号，如提高某个或某些关节的活动幅度，增强某个肌肉群的力量等。

远期目标

远期目标是指锻炼者最终要达到的目标。实践证明，经过科学合理的锻炼后，锻炼者是可以达到一般的远期目标的，如提高心肺功能，使其达到优秀的等级，或达到降血脂、防治高血压和冠心病的目的等。

运动负荷即运动量。怎样控制运动量，合适的运动时间是多少等，一直是人们争论不休的问题。但有一点是可以肯定的，那就是任何有关身体活动的意见和建议，都需要综合考虑锻炼者的身体状况和所要达到的目标，并以此为依据来制订科学的身体锻炼计划。

在运动过程中，运动强度过小，则无法达到锻炼的效果；运动强度过大，不仅达不到最佳的锻炼效果，还可能产生一些副作用，甚至出现意外事故。确定运动强度有两种方法，即心率简易推测法和主观感觉疲劳分级表推测法。

❀ 心率简易推测法

（1）年龄在 20 岁左右的年轻人，身体健康，能坚持体育锻炼，欲进一步提高身体机能，可取最大心率值（最大心率值 =220 － 年龄）的 65%～85%。

（2）年龄在 45 岁以下，身体基本健康，有运动习惯者，开始进行健身锻炼，可取最大心率值的 65%～80%，没有运动习惯者，开始进行健身锻炼，可取最大心率值的 60%～75%。

（3）年龄在 45 岁以上，身体基本健康，有运动习惯者，开始进行健身锻炼，可取最大心率值的 60%～75%，没有运动习惯者，建议根据自身情况咨询专业人员来指导和确定运动强度。

❀ 主观感觉疲劳分级表推测法 见表 2-1-2

运动的疲劳程度大致分为 10 级，具体为：0～1 级，没感觉；2～3 级，尚轻松；4～5 级，稍累；6～7 级，累；8～9 级，很累；10 级，精疲力竭。因此，健身锻炼的运动强度应控制在主观感觉疲劳程度的 4～7 级。

 表 2-1-2 主观感觉疲劳分级表

0 没感觉		2 尚轻松		4 稍累		6 累		8 很累		10 精疲力竭
	·		·		·		·		·	

 运动频率

运动频率是指每日及每周锻炼的次数。一般每周锻炼 3～4 次，即隔日锻炼 1 次即可。有充足的休息时间，可使机体得到充分的休息，收到更好的锻炼效果。

 运动持续时间

运动强度和运动持续时间，决定了一次锻炼的运动量和热量消耗。运动持续时间与运动强度成反比，运动强度大，运动持续时间可相应缩短，运动强度小，则运动持续时间应相应延长。

一般的健身锻炼，运动持续时间以每天 20～60 分钟为宜，其中包括准备活动时间、健身锻炼时间和整理活动时间。每次健身锻炼应在 20 分钟以上，锻炼可一次性完成，也可分段进行，但每段的活动时间应在 10 分钟以上。

第二节

运动价值

运动价值是人们一直在探讨的问题。一般认为，运动具有两方面的价值，即健身价值和心理价值。身体和精神的健康是相互依存的，伴随着身体功能的改善，精神状况也能同时得到改善。

 健身价值 ◆◆◆◆◆◆◆◆

健身价值在于提高体适能。体适能包括心肺耐力素质、肌肉力量素质、柔韧性素质和身体成分等。体适能的发展是积极从事锻炼的结果，只有规律性的体育锻炼才能达到最佳的体适能。

 ## 提高心肺耐力素质

心肺耐力是指全身肌肉进行长时间运动的持久能力，是体内心肺系统对身体各细胞的供氧能力。人体的心脏、肺、血管、血液等组织的功能是心肺耐力的基础，它们与氧气和营养物质的输送以及代谢物的清除有关。健全的心肺功能是健康的基本保证。

系统的体育锻炼，可以使心肌增厚，收缩力加强，心室容积增大，从而使心脏的泵血功能增强，表现为心血输出量增加。

系统的体育锻炼，呼吸系统机能也将得到提高，表现为呼吸肌的力量增强，肺活量、肺通气量明显增加，保证对机体供氧的能力。

系统的体育锻炼，可以促进血管系统的形态、机能和调节能力产生良好的适应力，从而提高机体的工作能力。

系统的体育锻炼，可以使血液系统产生某些适应性变化，如血容量增加、血黏度下降、红细胞膜弹性增强和红细胞变形能力增强等。

 ## 提高肌肉力量素质

肌肉力量是指肌肉最大收缩产生的对抗阻力或负荷的能力。肌肉力量只有达到一定的程度，才能克服外界阻力，而克服外界阻力是维持日常生活自理、从事各种劳动和运动的必要前提。

系统的体育锻炼，可以提高肌肉的生理横断面积，可以改善神经系统对肌肉收缩的支配功能，还可以提高肌肉内代谢物质的储备量，使肌肉力量得到提高。

 ## 提高柔韧性素质

柔韧性是指人体各关节的活动幅度，即关节的肌肉、肌腱和韧带等软组织的伸展能力。柔韧性对于保证正常生活质量、维持正常体态、预防损伤发生和减轻损伤程度等方面均起到至关重要的作用。

系统的体育锻炼，还可以延缓因年龄因素而导致的柔韧性下降，预防因缺乏运动而导致的关节结构、周围软组织和膝关节肌肉退化，从而使锻炼者的日常生活、劳动和运动等更加充满活力。

身体成分是指人体体重中的脂肪组织和去脂组织的重量百分比。身体成分中的脂肪成分增加，肌肉成分必然下降。身体中不具备收缩功能的脂肪组织增加，必然导致身体进行各种活动的能力下降，基础代谢水平降低，肥胖症、冠心病、高血压、糖尿病、高血脂等慢性疾病发病率的提高。因此，身体成分是保证人体健康的重要内容之一。

通过系统的体育锻炼，随着锻炼者体质的增强，热量消耗便随之增加，进而燃烧掉体内多余的脂肪，使身体成分得到改善。而身体成分的改善，又可以减少体重对关节可能带来的不利影响，还可以使肥胖者的心理状况得到改善，增强其自信心，使其逐步建立起健康的生活方式。

研究证明，有规律的体育锻炼不但可以使锻炼者增强体质、促进身体健康、预防一些慢性疾病，还可以提高锻炼者的生活满意度和生活质量，对其心理健康产生积极影响。

体育锻炼的心理健康效应主要表现在六个方面：

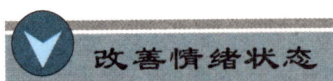

短期效应

研究发现，体育锻炼对人的情绪状态具有显著的短期效应。运动后人们的焦虑、抑郁、紧张和心理紊乱等症状会明显减轻，而精力和愉快程度则明显增强。而且这种情绪的迅速变化，与锻炼者个体的健康状况、活动形式和活动强度等有着直接的联系。

 长期效应

体育锻炼对人情绪的长期效应有着直接的影响，与不锻炼者相比，有规律的锻炼者在较长时期内很少会产生焦虑、抑郁、紧张和心理紊乱等情绪。

完善个性行为特征 见表 2-2-1

人们的行为特征一般可以分为两种类型，用 A 型行为特征和 B 型行为特征来表示。A 型行为特征主要表现为性情急躁、争强好胜、容易激动、整天忙碌和做事效率高等。B 型行为特征主要表现为不好竞争、不易紧张、不赶时间、对人随和、喜欢自由自在等。具有 A 型行为特征的人由于过度紧张的情绪反应，会引起内分泌失调，增加心脏病发病的概率。目前的一些研究主要集中在体育锻炼对改变 A 型行为特征的作用方面。研究结果表明，有规律的体育锻炼能明显改变 A 型行为特征。

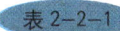

表 2-2-1　　A、B 型个性行为特征常见表现

A 型行为特征者常见表现	B 型行为特征者常见表现
约会从来不迟到	对约会很随便
竞争意识很强	竞争意识不强
别人要讲话时总爱抢先或插话	是别人讲话时很好的听众
总是匆匆忙忙	即使有压力也从不匆忙
等待时缺乏耐心	能够耐心等待
干事时全力以赴	处事漫不经心
同时想干很多事	在一段时间里只干一件事情
讲话喜欢用加强语气，甚至敲桌子	讲话语速缓慢，不慌不忙
做了好事希望能得到别人的认可	只要自己满意即可，不管别人怎样想
吃饭、走路都很快	做事情很慢
不善与人相处	为人随和
容易暴露自己的感情	能控制自己的感情
具有广泛的兴趣	没什么业余爱好
雄心壮志	满足于目前的工作和学习状况

运动价值

确立良好自我概念

自我概念是指个体对自己身体、思想和情感的主观整体评价，它由许多自我认识组成，包括我是什么人、我主张什么和我喜欢什么等。

坚持体育锻炼，可以使锻炼者体格强健、精力充沛、提高驾驭身体的能力，从而改善对自身的满意程度，确立良好的自我概念。

改变睡眠模式

根据脑电图的显示，人的睡眠可以分为两种状态，即慢波睡眠状态和快波睡眠状态。前者为浅度睡眠状态，后者为深度睡眠状态。一夜之间两种睡眠状态会交替发生 4～5 次。

有规律的体育锻炼不仅对慢波睡眠有促进作用，而且能缩短入眠的潜伏期，并延长睡眠的时间。

改善认知能力

体育锻炼还能改善人的认知过程，避免反应时间过长、注意力不集中和思维混乱等症状的发生，尤其对老年人的认知能力改善效果更为明显。

增加心理治疗效应

体育锻炼被公认为是一种心理治疗的好方法。目前人群中常见的心理疾患是抑郁症和焦虑症。研究发现，体育锻炼是治疗抑郁症的有效手段之一，抑郁症患者经过有规律的体育锻炼，抑郁症状能明显减轻。

体育锻炼还具有治疗焦虑症的作用，通过有规律的体育锻炼，可以使锻炼者的焦虑症状明显改善。

第三节

运动保护

在运动过程中，人体机能会随时发生变化。因此，应针对这种机能变化的特点来进行体育锻炼，也就是我们所说的运动保护。运动保护一般包括运动前准备、运动后放松和自我养护三个方面。

运动前准备

准备活动是指在正式运动之前进行的有目的的身体练习。做好充分的准备活动，可以缩短机体进入最佳状态的时间，同时还可以预防运动损伤的发生，为机体发挥最大的工作效率做好功能上的准备。

准备活动的作用

提高中枢神经系统兴奋状态

（1）使大脑反应速度加快，参加活动的运动中枢神经相互协调。

（2）为正式运动时生理机能达到适宜程度提前做好准备。

提高机体代谢水平

（1）准备活动可以使锻炼者体温升高，降低肌肉黏滞性，使肌肉的伸展性、柔韧性和弹性增强，从而有效预防运动损伤的发生。

（2）准备活动可以增强体内代谢酶的活性，使物质代谢水平提高，以保证运动时有较充分的能量供应。

克服内脏器官生理惰性

（1）准备活动可以提高心血管系统和呼吸系统的机能水平，使肺通气量及心血输出量增加。

（2）可以使心肌和骨骼肌的毛细血管扩张，使其工作肌获得更多的氧，从而克服内脏器官的生理惰性，使之尽快达到最佳状态。

 增加皮肤毛细血管血流量

准备活动可以使皮肤毛细血管的血流量增加，运动后毛细血管扩张，有利于散热，降低体温，有效防止开始正式活动时由于体温过高而影响运动能力。

▼ 准备活动要求

 准备活动时间

(1)准备活动的时间可以根据运动项目的具体情况确定，一般以10~30分钟为宜。

(2)准备活动与正式运动的间隔时间，一般以不超过15分钟为宜，可以在做完准备活动后立刻进行正式运动。

准备活动强度

(1)准备活动的强度和量应较正式运动小，以免引起不必要的疲劳。

(2)准备活动的量可以由心率来决定，心率以100~120次／分为宜。

▼ 准备活动内容

一般性准备活动

一般性准备活动的内容多以伸展运动开始，然后进行一般性的跑步、徒手体操等活动。

下面介绍一套常用的一般性准备活动操,供锻炼者运动前使用。这套活动操主要包括头部运动、肩部运动、扩胸运动、体侧运动、体转运动、髋部运动和踢腿运动等。

图 2-3-1

头部运动

头部运动的动作方法（见图 2—3—1）：两手叉腰，两脚左右开立，做头部向前、向后、向左、向右，以及绕环运动。

肩部运动

肩部运动的动作方法（见图 2—3—2）：手扶肩部，屈臂向前、向后绕环，以及直臂绕环。

扩胸运动

扩胸运动的动作方法（见图 2—3—3）：屈臂向后振动及直臂向后振动。

体侧运动

体侧运动的动作方法（见图 2—3—4）：两脚左右开立，一手叉腰，另一臂上举，并随上体向对侧振动。

体转运动

体转运动的动作方法（见图 2—3—5）：两脚左右开立，两臂体前屈，身体向左、向右有节奏地扭转。

髋部运动

髋部运动的动作方法（见图 2—3—6）：两脚左右开立，两手叉腰，髋关节放松，向左、向右 360 度旋转。

图 2—3—2

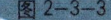
图 2—3—3

踢腿运动

踢腿运动的动作方法（见图 2-3-7）：两臂上举后振，同时一腿向后半步，重心置于前腿，两臂下摆后振，同时向前上方踢腿。

图 2-3-4

图 2-3-5

图 2-3-6

图 2-3-7

✿ 专门性准备活动

专门性准备活动的动作方法、节奏和强度等与正式锻炼相似，目的是使人体主要肌群在运动前得到动员，为正式锻炼做好准备。

运动后放松是指运动之后所进行的一些能够加速机体功能恢复的、较轻松的身体活动。与运动前准备活动相反，其目的是使锻炼者的生理机能水平逐步得到恢复。

运动保护

✿ 运动性手段

（1）运动结束后，锻炼者可采用变换运动部位的方法来消除疲劳，如上肢出现疲劳时可做一些慢跑运动，下肢出现疲劳时可做一些上肢运动。

（2）转换运动类型也是一种不错的放松方法，如打羽毛球出现疲劳时，可从事瑜伽运动来达到放松的目的。

（3）还可以用调整运动强度的方法来缓解疲劳，如可以在放松过程中，采用小强度的轻微运动方法等。

✿ 整理活动　见图 2-3-8

（1）整理活动是指运动后所做的一些能够加速机体功能恢复的身体活动，如剧烈运动后进行 3～5 分钟慢跑或其他整理活动，使身体机能得以恢复。

（2）剧烈运动后如不做整理活动而骤然停止动作，会影响氧气的补充和静脉血的回流，使机体血压降低，引起不良反应。

图 2—3—8

 注意事项

(1)在进行整理活动时动作应缓慢、放松，运动量不要过大，否则会引起新的疲劳。

(2)在进行整理活动时，应当保持心情舒畅、精神愉快。

 自我养护 ◆◆◆◆◆◆◆◆◆◆◆

锻炼后，锻炼者感觉身体疲劳是一种正常的生理现象，是体育锻炼过程中的正常反应，随着体育锻炼时间的延长，疲劳症状会自然消失。运动性疲劳出现后，锻炼者如果采用一些自我养护措施，可以加速身体机能的恢复，尽快消除疲劳，提高锻炼效果。常见的自我养护方法主要包括运动后休息、合理营养和物理手段等三种。

 运动后休息

静止性休息 　见图 2—3—9

(1)静止性休息是指锻炼者运动后保持机体相对的静止状态，以促进身体机能的恢复，尽快消除疲劳。

(2)静止性休息的最佳方式之一是睡眠，特别是刚开始从事锻炼者，身体不适应或疲劳症状明显时，更应该保证足够的睡眠，否则，锻炼者虽然积极参加了体育锻炼，但收效甚微，甚至会导致过度疲劳症状的发生。

（3）静止性休息更适合于消除全身运动导致的整体疲劳症状。

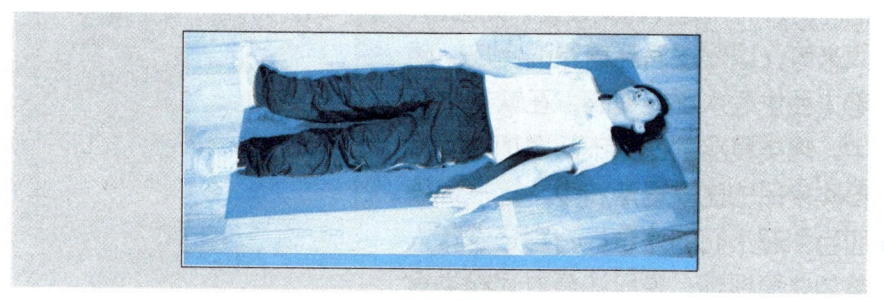

图 2-3-9

运动保护

 积极性休息　见图 2-3-10

（1）积极性休息更适合由于少量肌肉群参与工作而导致的局部疲劳，或运动强度较大而导致的快速疲劳。

（2）积极性休息可以加速血液循环，有利于代谢物排出体外，对促进身体机能的恢复具有明显的效果。

图 2-3-10

 见图2-3-11

小强度、长时间的运动形式，主要是靠糖原的有氧代谢提供能量。运动后应及时补充淀粉类食物，如面粉、大米等，以促进消耗糖原的合成。随着人民生活水平的提高，在饮食结构中，肉类食品的比重不断增加，而淀粉类食品的比重逐渐减少，这一现象应当引起人们的注意，特别是老年人参加体育锻炼，更应注意对淀粉类食物的补充。

图2-3-11

强度较大、时间又相对较长的运动形式，主要是靠糖原的无氧代谢提供能量。这样，糖原无氧代谢产物——乳酸便会在体内大量堆积。因此，运动后应多补充蔬菜、水果等碱性食品，以加速乳酸的清除，达到尽快消除疲劳的目的。

物理手段

 见图2-3-12

（1）通过刺激神经末梢、皮肤结缔组织和毛细血管的按摩方法，可以使紧张的肌肉得以放松，从而改善局部组织和全身的血液循环，达到促进身体机能恢复的目的，这种方法可以在锻炼后马上进行。

（2）此外，还可以采取缓慢牵拉肌肉的方法，使收缩的肌肉得到充分的伸展放松。

水疗及电疗

（1）水疗包括芬兰式蒸汽浴、热水浴和桑拿浴等多种形式，主要作用是通过提高体温，促进血液循环，清除代谢物，以达到尽快消除疲劳、恢复体力的目的。

（2）水疗的时间一般以不超过30分钟为宜，如果时间过长，会进一步消耗体力，严重时甚至会出现暂时性脑缺血现象。

（3）如果条件允许，还可对疲劳的肌肉进行低频治疗。低频治疗仪的原理是模拟针灸疗法，使用时将电极用不干胶对称地粘贴在运动部位表皮上。这种疗法可以促进局部血液循环，改善组织代谢，缓解肌肉酸痛，消除疲劳。

图 2-3-12

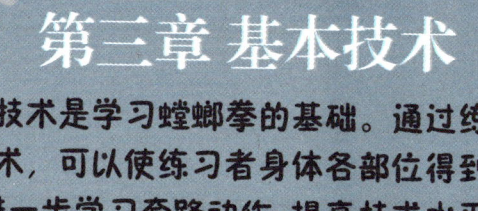

第三章 基本技术

　　基本技术是学习螳螂拳的基础。通过练习螳螂拳的基本技术，可以使练习者身体各部位得到较全面的训练，为进一步学习套路动作，提高技术水平打下良好的基础。螳螂拳的基本技术包括手形与手法，步形、步法与腿法等。

第一节

手形与手法

手形与手法是指,在上肢进攻和防守时,手的动作形态、形状和上肢的运动方法。螳螂拳中的手形与手法因流派各异,方法多,变化奇巧。手形按其形态可分为拳、掌、二指掌、勾手等几种。手法按其作用可分为进攻和防守两类。手法的运用除了强调击打部位的准确,还十分讲究击打的速度和力度。

 **手形**

手形是指练习武术时手的各种变化形式,主要包括拳、掌、二指掌和勾手等。

 **拳**

动作方法 见图 3-1-1

(1)四指并拢卷握,拇指紧扣食指和中指的第二指节。

(2)拳眼向上为立拳,拳心向下为平拳。

技术要点

手指要握紧,手腕要挺直。

错误纠正

练习时易出现空心握拳等问题。因此,应参照技术要点,体会动作要领。

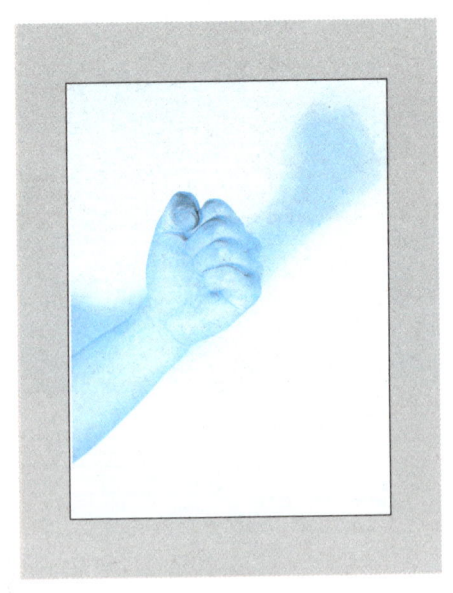

图 3-1-1

 掌

动作方法 见图 3-1-2

四指并拢伸直，拇指弯曲，紧扣于虎口处为掌。

技术要点

拇指要紧，立掌背伸，小指侧朝前。

错误纠正

练习时易出现拇指扣不紧，其他四指并拢不紧等问题。因此，应参照技术要点，体会动作要领。

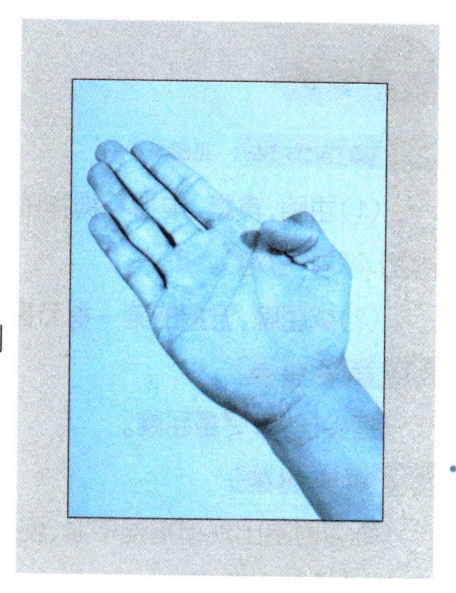

图 3-1-2

 二指掌（剑指）

动作方法 见图 3-1-3

食指、中指并拢伸直，无名指、小指弯曲，拇指弯曲扣压在无名指的第一指节上。

技术要点

食指、中指并紧，力达指尖。

错误纠正

练习时易出现拇指没有扣压在无名指第一指节上等问题。因此，应参照技术要点，体会动作要领。

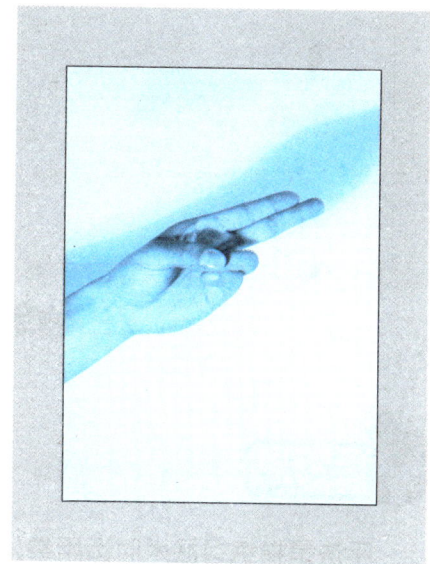

图 3-1-3

 勾手

动作方法 见图3-1-4

（1）屈腕，食指、中指与拇指的第一指节撮拢，无名指与小指弯曲内扣，称为"刁勾"。

（2）或屈腕，五指的第一指节撮拢，称为"撮勾"。

技术要点

指尖捏紧，尽量屈腕。

错误纠正

练习时易出现拇指捏不紧、腕关节不屈等问题。因此，应参照技术要点，体会动作要领。

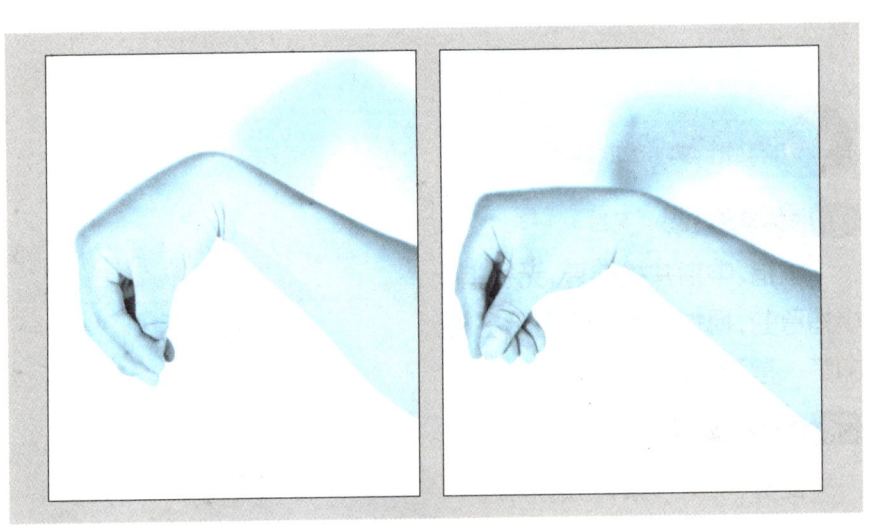

图3-1-4

 手法

手法是指练习武术时运用拳、掌、指、勾等技法的总称，包括拳法、掌法和勾法等。练习时要求手法轻快、敏捷、有力。

基本技术

拳法

冲拳

见图 3—1—5

动作方法

（1）拳从腰间由屈至伸向前快速冲出，力达拳面为前冲拳。

（2）侧冲、上冲、下冲与前冲拳动作相同，方向不同。

技术要点

出拳要快速有力，有爆发力，做好拧腰、顺肩和急旋前臂的动作。

错误纠正

练习时易出现冲拳时肘部外展、冲拳无力、冲拳过高或过低等问题。因此，应强调肘贴肋运行，使拳内旋冲出，动作快速。

图 3—1—5

贯拳

动作方法 见图 3—1—6

上体略右转，向左侧倾，左拳变掌，右臂向后伸直，右拳经体前向左弧形摆至头部左前上方，与左掌心相击，拳眼向下，目视前下方。

技术要点

（1）拳向外（约 45 度）、向前、向内呈平面弧形横击。

（2）松肩，肘略屈，前臂外旋。

错误纠正

发力时易出现上体后仰、挺腹等问题。因此，应重点体会蹬地转腰的要领和内力的运用。

图 3—1—6

架拳

动作方法 见图 3—1—7

（1）右拳向下、向左、向上经头前向右上方划弧架起，拳眼向下，目视左方。

（2）可左右交替进行练习。

技术要点

松肩，肘部略屈，前臂内旋。

错误纠正

练习时易出现肘关节过于弯曲等问题。因此，应参照技术要点，体会动作要领。

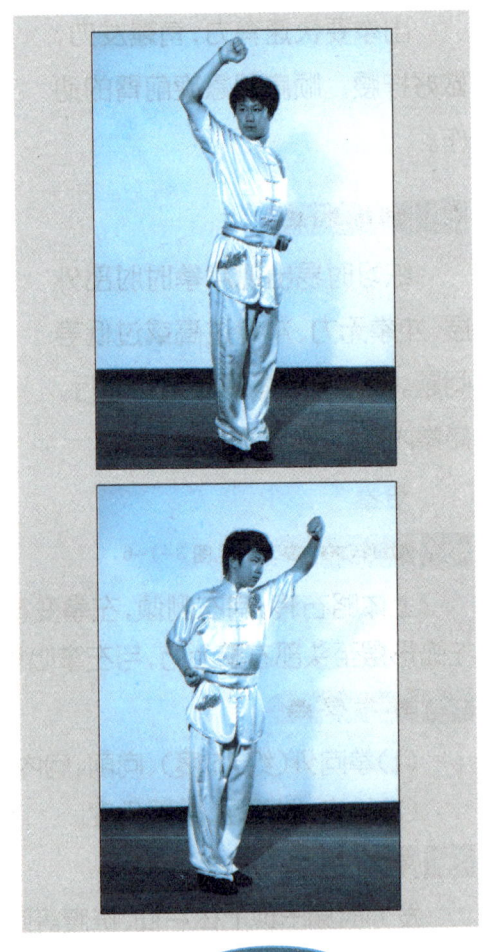

图 3—1—7

 **掌法**

推掌

动作方法 见图3—1—8

（1）掌由腰间向前立掌推出，速度要快，臂要直，力达拳心或小指一侧。

（2）或掌由腰间向左（右）前方推出，手心斜向上，臂略屈，力达小指一侧。

（3）或掌由腰间向前下推出，掌指向下，手心向前，臂略屈，力达掌心。

技术要点

（1）挺胸，收腹，直腰。

（2）出掌要迅速、有爆发力，同时做好拧腰、顺肩、沉腕和翘掌等动作。

错误纠正

练习时易出现推掌时肘部外展、推掌无力、推掌过高或过低等问题。因此，应强调肘贴肋运行，使掌内旋冲出，动作要快速有力。

图3—1—8

劈掌

⊛ **动作方法** 见图 3—1—9

直臂或略屈臂,掌由上向下或向斜下方劈击,力达小指一侧。

⊛ **技术要点**

直臂,以小指侧为力点,从上向下挥落。

⊛ **错误纠正**

练习时易出现劈掌发力点不准确等问题。因此,应参照技术要点,体会动作要领。

图 3—1—9

 勾法

勾法

⊛ **动作方法** 见图 3—1—10

(1)臂由伸至屈,由掌变勾手,由外向里、向后、向外划弧勾采。

(2)或由里向外、向后划弧勾采,力达掌指。

⊛ **技术要点**

五指尖捏拢在一起,屈腕。

⊛ **错误纠正**

练习时易出现拇指捏不紧、腕关节不屈等问题。因此,应参照技术要点,体会动作要领。

图 3—1—10

基本技术

第二节
步形、步法与腿法

步形、步法与腿法是指在下肢进攻和防守时，腿、脚的动作变换和下肢的运动方法。

 步形

步形旧称"裆步""裆势""桩形""桩式"，一般是指下盘在定式时形成的基本姿势，包括戳脚步、翘脚步、弓步、马步、虚步和仆步等。

 戳脚步

动作方法　见图3-2-1

（1）前腿屈膝半蹲，大腿接近水平，膝部略向内扣，全脚掌着地。

（2）后腿外展屈膝下跪，膝部不能接触地面，后脚在前脚斜后方，以前脚掌内侧着地，重心落于两脚之间偏前方。

技术要点

挺胸、塌腰，虚实分明。

错误纠正

练习时易出现重心力量分布不均、步形松散等问题。因此，应参照技术要点，体会动作要领。

图3-2-1

基本技术

翘脚步(七星步)

动作方法　见图3-2-2

（1）前腿伸直，脚跟着地，脚尖勾起内扣。

（2）后腿屈膝半蹲，大腿与地面呈45度角，全脚掌着地，两脚距离约等于本人脚长的2倍，重心大部分落于后腿上。

技术要点

挺胸，塌腰，虚实分明。

错误纠正

练习时易出现动作过高、支撑腿承力不均等问题。因此，应参照技术要点，体会动作要领。

图3-2-2

弓步

动作方法　见图3-2-3

（1）前腿屈膝半蹲，大腿接近水平，膝部与脚尖垂直，略向内扣，全脚掌着地。

（2）后腿挺膝蹬直，脚尖内扣斜向前方，全脚掌着地，两脚相距约等于本人脚长的4倍，重心落于两脚之间偏前方。

技术要点

（1）前腿弓，后腿绷。

（2）挺胸，塌腰，沉髋。

图3-2-3

 **错误纠正**

练习时易出现后脚拔跟、后腿屈膝、弯腰和上体前俯等问题。因此,应提高膝关节与踝关节的柔韧性,参照技术要点,体会动作要领。

 马步

动作方法 见图3-2-4

(1)两腿屈膝半蹲,大腿接近水平,两膝略向内扣,膝部与脚尖垂直,两脚平行向前,脚尖正对前方。

(2)全脚掌着地,两脚相距约等于本人脚长的3倍,重心落于两腿之间。

技术要点

挺胸,塌腰,脚跟外蹬。

错误纠正

练习时易出现脚尖外撇、两脚距离过大或过小、弯腰跪膝等问题。因此,应站立做里扣脚尖或马步练习,参照技术要点,体会动作要领。

图3-2-4

 **虚步**

动作方法 见图3-2-5

(1)后腿屈膝半蹲,大腿接近水平,膝部与脚尖外展呈45度角,全脚着地。

(2)前腿屈膝,膝部与脚尖略向内扣,脚跟抬起,以前脚掌前部虚点地面,两脚距离约等于本人脚长的2倍,重心落于后腿上。

技术要点

挺胸、塌腰,虚实分明。

错误纠正

练习时易出现虚实不清、后腿蹲不下去等问题。因此,应前脚先不着地, 等支撑腿下蹲后再以脚尖虚点地面呈虚步, 同时做单腿屈蹲或双腿负重屈蹲练习, 锻炼下肢力量。

图 3-2-5

 仆步

动作方法 见图 3-2-6

(1)一条腿全蹲,大、小腿靠紧,臀部接近小腿,全脚掌着地,膝部与脚尖略外展。

(2)另一条腿伸直,平仆接近地面,脚跟着地,脚尖上翘内扣。

技术要点

挺胸,塌腰,沉髋。

错误纠正

练习时易出现平仆腿不直、脚外侧掀起、脚尖上翘外展、全蹲腿未蹲到底、脚跟提起、上体前倾等问题。因此,应使平仆腿的脚外侧抵住固定物体(如墙壁),不让脚外侧掀起,同时多做仆步压腿练习。

图 3-2-6

 **步法** ◆◆◆◆◆◆◆◆◆◆

步法有广义与狭义之分。广义的"步法",是指凡拳架中一切走步的方法,即无论它是定式,还是过渡动作中的步式,都无一例外地属于"步法"范畴。狭义的"步法",则是指除步形以外的基本步法。步法包括上步、退步和插步等。

 **上步**

动作方法 见图 3−2−7

后脚经前脚向前上步。

技术要点

除了接跳跃动作外,一般重心较低,全脚掌着地,沉胯、踩脚。

错误纠正

练习时易出现上步动作缓慢、上体前倾等问题。因此,应注意控制上体角度,快速进步。

图 3−2−7

 **退步**

动作方法 见图 3−2−8

前脚经后脚向后退。

技术要点

步幅适当加大,前脚掌着地,重心下沉。

错误纠正

练习时易出现上步动作缓慢、上体前倾等问题。因此,应注意控制上体角度,快速进步。

图 3−2−8

 插步

✿ **动作方法** 见图 3-2-9

一只脚经另一只脚后方横迈一步,前脚掌着地,两腿交叉。

✿ **技术要点**

步幅较大,重心降低,胯下沉。

✿ **错误纠正**

练习时易出现重心分布不均、后脚全脚掌着地等问题。因此,应沉髋,后脚脚掌撑地。

图 3-2-9

 腿法

腿法是指运用腿的技法,分直摆、屈伸、旋转三类,包括弹腿、侧踹腿和前蹬腿等。

✿ 弹腿

✿ **动作方法** 见图 3-2-10

支撑腿直立或略屈,另一条腿由屈至伸,向前或侧前方迅速、有力地弹出。弹出腿高不过胸,膝部挺直,脚面绷平,力达脚尖。

✿ **技术要点**

(1)挺胸,直腰,收髋。

(2)弹击要有爆发力。

✿ **错误纠正**

练习时易出现屈伸不明显、力点不突出等问题。因此,应强调收髋,屈膝后再弹出。

图 3-2-10

 侧踹腿

动作方法 见图 3-2-11

（1）由叉步抱拳开始，左脚支撑。

（2）右腿屈膝、侧抬，由屈至伸，脚尖勾紧，脚外缘朝上用力向右上方踹出，目视右脚。

技术要点

（1）挺膝，开髋，猛踹。

（2）脚外缘朝上，力达脚跟。

错误纠正

练习时易出现脚尖朝上高度不够、收髋等问题。因此，应多做仆步压腿、侧压腿和横叉等练习，也可以用手扶一定高度的物体来练习上体侧倒，使腿踹得高些。

图 3-2-11

 前蹬腿

动作方法 见图 3-2-12

腿由屈至伸，脚尖翘起，以脚跟为力点向前猛力蹬出，上体保持正直，目视蹬腿方向。

技术要点

（1）挺胸，直腰，收髋。

（2）脚尖回勾，蹬击要有爆发力。

错误纠正

练习时易出现屈伸不明显、力点不突出等问题。因此，应强调收髋，屈膝后再弹出。

图 3-2-12

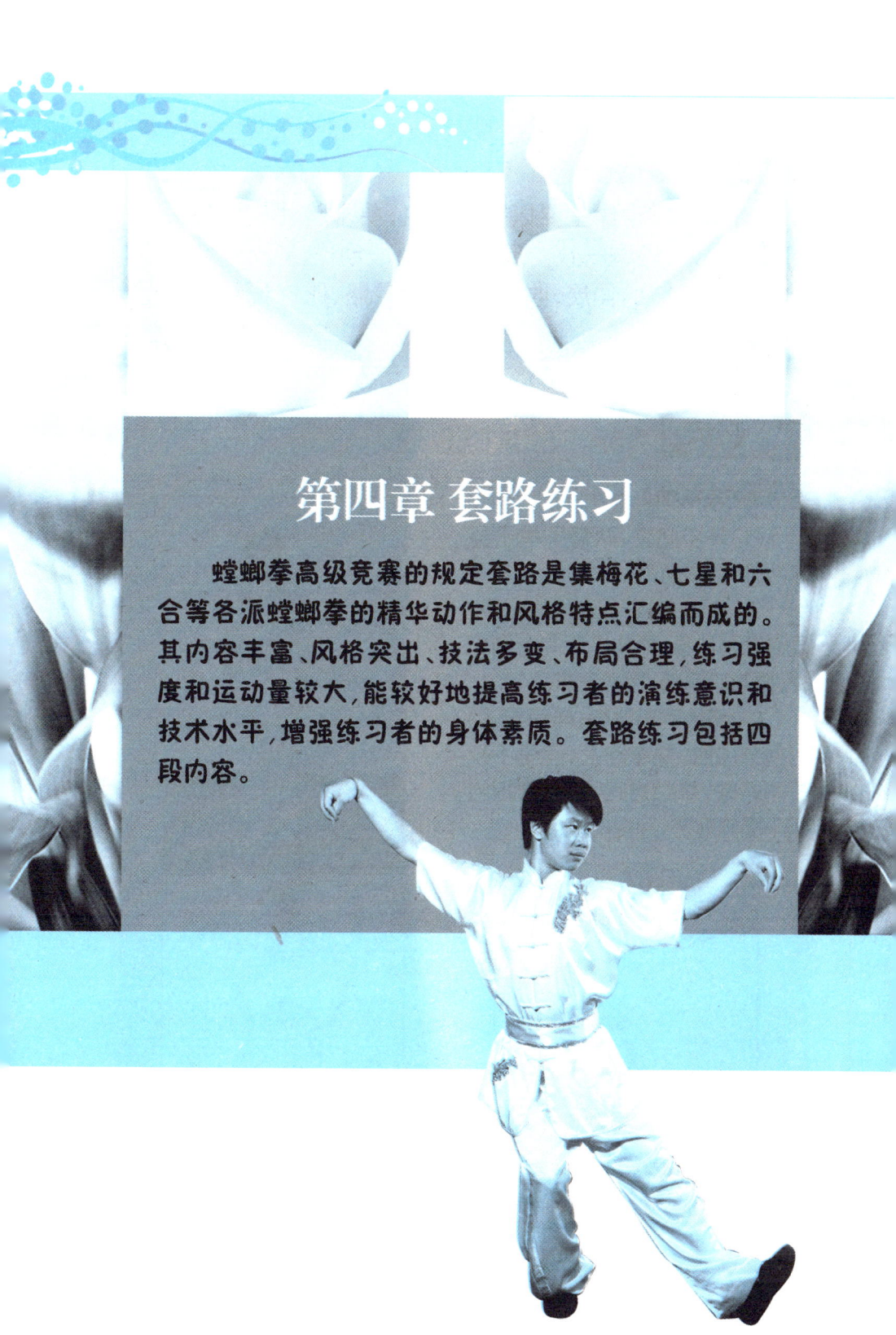

第四章 套路练习

　　螳螂拳高级竞赛的规定套路是集梅花、七星和六合等各派螳螂拳的精华动作和风格特点汇编而成的。其内容丰富、风格突出、技法多变、布局合理,练习强度和运动量较大,能较好地提高练习者的演练意识和技术水平,增强练习者的身体素质。套路练习包括四段内容。

第一节

第一段

第一段动作主要以手法为主,要求腕、肘、肩各关节灵活自如,协调一致。反复练习此段动作,能有效地增强上肢各关节的伸展、收缩能力,使骨骼、肌肉群和韧带得到全面的锻炼。

动作方法 见图 4-1-1

（1）并步站立,两臂下垂于身体两侧,目视前方。

（2）身体先略右转,再略左转,同时两臂伸直,两掌由下向上侧平举,两掌心向前,目视左掌。

（3）身体向右略转,再转正,同时两臂屈肘,两掌向上、向里下按于两胯旁,掌心均向下,两掌指内扣于斜向前方,目视左侧。

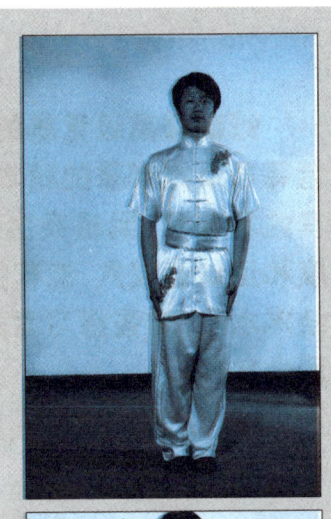

图 4-1-1

技术要点

头要端正,下颌略收,挺胸、塌腰、收腹。

错误纠正

练习时易出现身体紧张、端肩、精神不集中等问题。因此,应参照技术要点,体会动作要领。

并步右推掌

动作方法 见图4-1-2

（1）两臂屈肘,两掌由胯旁向前、向上交叉于胸前,右掌在上,左掌在下,掌心均向下,目视前方。

（2）身体略左转,同时两手腕相贴,右掌先内旋后外旋,向左、向右、向前划弧绕环,掌心向上,左掌先外旋后内旋,向前、向左、向后、向右划小弧绕环,至左掌在上,掌心向下,目视两掌。

（3）身体右转,两腿屈膝半蹲,同时两掌向下收于右腰侧,目视左前方。

（4）身体左转,同时右掌向左前方推出,掌心向上,掌指向右前方,高与胸平,左掌扶于右前臂,掌心向下,目视右掌。

图 4-1-2

技术要点

(1)震脚要有力,步形变换要快速、平稳。

(2)砍掌动作应快速有力,力达掌刃。

错误纠正

练习时易出现重心不在两腿之间等问题。因此,应参照技术要点,体会动作要领。

震脚翘脚步右砍掌

动作方法　见图 4-1-3

(1)身体先略左转,再右转,右脚屈膝提起,同时两掌变勾手,右勾手向右上方提于头部右后方,勾尖向左,左勾手向左下方搂于左胯旁,勾尖向后,目视左勾手。

(2)右脚在左脚内侧震脚,右腿屈膝下蹲,左脚随即向左侧出步呈左翘脚步,身体左转,同时右勾手变掌,向左下方斜砍,掌心斜向上,掌指向右前方,左勾手变掌,向右上方扶于右前臂内侧上方,掌心斜

向下,掌指向右前方,目视右掌。

**技术要点**

两膝夹紧,两脚并紧,挺胸,塌腰。

**错误纠正**

练习时易出现推掌端肩、下肢过于放松等问题。因此,应参照技术要点,体会动作要领。

图4-1-3

**虚步抹掌双勾手**

**动作方法** 见图4-1-4

(1)身体先略左转,再右转,重心前移呈左弓步,随即重心后移呈左半马步,同时右掌向左前方伸出,右臂内旋,右掌握拳向右、向后采拉于右胸前,拳心斜向外下方,高与肩平,左掌仍扶于右前臂,随右拳移动,目视左侧。

(2)身体左转,重心前移变左弓步,同时左臂伸直,左掌向前、向左平摆抹于身体左侧,掌心向下,高与肩平,右拳变掌,向后、向右、向前直臂抹掌于体前,掌心向下,高与肩平,目视右掌。

(3)重心前移,上体后仰,同时左臂屈肘再伸直,左掌向右前方从右臂下方穿出,掌心向下,右掌向左、向后收于左上臂,掌心向下,目视左掌。

(4)重心前移,身体左转变左弓步,同时左掌向左、向后平抹于身体左侧,掌心向下,右掌向右、向前平抹于身体左前方,掌心向下,目视右掌。

(5)重心移于左腿,右腿屈膝提起,右脚扣于左膝后,同时左掌向右,从右前臂上方向前伸出,掌心向下,掌指向前,右掌略回收,掌心向下,左掌高与肩平,目视左掌。

（6）重心后移，右脚向后落步，左脚随之后移呈左虚步，同时两掌变勾手，向后、向下搂手，两臂屈肘，两勾尖向下，右勾手收于左肘内侧，左勾顶高与肩平，目视左勾手。

技术要点

动作连贯，呈虚步时，重心落在右腿上，右大腿与地面平行，左腿略屈，脚尖点地。

错误纠正

练习时易出现虚实不清、后腿蹲不下去等问题。因此，应前脚先不着地，等支撑腿下蹲后再以脚尖虚点地面呈虚步。

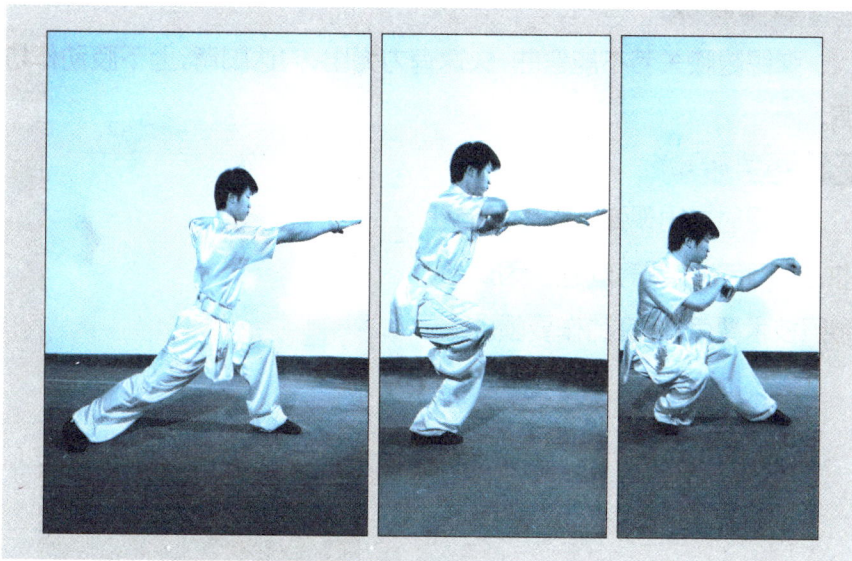

图 4-1-4

弹踢右挑掌 ◆◆◆◆◆◆

动作方法 见图 4-1-5

（1）身体右转，变做横档步，同时两臂内旋，右勾手变拳，向后上方提于右肩前，拳眼斜向下，左臂伸直，左勾手变掌，伸于左下方，掌心向后，高与腰平，目视左侧。

（2）身体右转，重心移于左腿，左腿挺膝站立，随即右脚绷脚尖向前上方弹踢，高与目平，同时右转拳向下、向前上方挑拳，拳心向后，高与口平，左掌向前上方扶于右前臂内侧，掌心向右，目视右拳。

技术要点

弹踢腿膝关节不能弯曲,快速有力弹出,力达脚背,上下肢动作协调。

错误纠正

练习时易出现弹踢腿膝关节弯曲、上下肢不协调等问题。因此,应参照技术要点,体会动作要领。

图 4-1-5

跳提膝崩拳

动作方法 见图 4-1-6

(1)左脚蹬地跳起,右脚下落,身体腾空,左腿屈膝提起,同时左掌向前下方按于右肘下方,掌心向下,右臂先内旋再外旋,右拳向下、向后、向前方崩出,拳心斜向上,高与鼻平,目视右拳。

(2)右脚落地。

技术要点

提膝肘膝部高于髋关节,踝关节内扣,上体保持正直。

错误纠正

练习时易出现含胸、弓背等问题。因此,应参照技术要点,体会动作要领。

图 4-1-6

 戳脚步左采右贯拳

动作方法 见图 4-1-7

（1）身体左转，左腿屈膝外展，脚尖自然下垂，同时右拳向左、向下收于右腰侧，拳心向上，左掌顺右前臂下方向左前方采手握拳，拳眼斜向下，目视左拳。

（2）右脚用力蹬地，左脚向左前方跨步，随之右脚拖步向前跟进，呈右戳脚步，同时右拳由腰侧向左上方贯击，拳眼向下，高与头平，左拳变掌抚于右拳背，目视下方。

技术要点

（1）右贯拳动作要舒展，有爆发力。

（2）拳要握实，出拳应急旋臂。

错误纠正

发力时易出现上体后仰、挺腹等问题。因此，应重点体会蹬地转腰的要领和内力的运用。

图 4-1-7

歇步双采手

套路练习

动作方法 见图4-1-8

（1）身体右转立起,右拳变掌,向右划弧平摆于身体右侧,掌心向下,高与肩平,同时左掌向下、向左、向前、向右划弧平摆于左胸前,掌心向下,随即左脚向左前方弧形上步,目视左掌。

（2）身体左转,重心左移,同时右掌经左臂上方向左前方穿抹,掌心向下,左掌向右后方划弧收于右肘下方,掌心向下,目视右掌。

（3）身体右转,右脚向前上步,脚尖外展,两腿交叉下蹲呈歇步,同时左掌抓握于右手腕部,右掌变拳,采握向右下方捋于右踝外侧,目视右拳。

技术要点

手形快速变化,重心落于支撑腿,上下肢动作配合协调。

错误纠正

练习时易出现重心不稳、上下肢不动作协调等问题。因此,应参照技术要点,体会动作要领。

图4-1-8

戳脚步左刁右推掌

动作方法 见图 4-1-9

（1）身体立起，向左转体，同时右拳由下向左前上方贯击，拳心向下，高与头平，左掌随之伸于右前臂下，掌心向下，目视右拳。

（2）身体先略右转，再左转，左脚向左前跨步，随之右脚向前拖步跟进，呈右戳脚步，同时左掌顺右前臂下方向前、向左刁挎，变勾手于头前左侧，勾尖向外下方，右拳变掌，经右腰侧向左前方推出，掌心斜向前上方，掌指向右前方，高与肩平，目视右掌。

技术要点

跨步要迅速、平稳，刁采变换灵活，推掌力达掌根。

错误纠正

练习时易出现重心不稳、整体动作松散等问题。因此，应参照技术要点，体会动作要领。

图 4-1-9

虚步左秘肘

动作方法　见图4-1-10

（1）右脚向后撤半步，随即身体右转，重心右移，右腿屈膝，同时右臂内旋，右掌向下、向后、向右拦出，拇指一侧向下，左勾手收于左腰侧，勾顶向前，目视右掌。

（2）左脚向右前方上步呈左虚步，同时勾手由腰侧向前下方冲出秘肘，勾尖向后，右臂外旋，右掌扶于左臂内侧，目视左勾手。

技术要点

步形变换与手形变换配合协调，力发于腰。

错误纠正

练习时易出现步形过高、发力部位不准确等问题。因此，应参照技术要点，体会动作要领。

图4-1-10

弓步右劈拳

动作方法 见图 4—1—11

（1）身体右转，左脚向右前方弧形上步，同时右掌变拳，收抱于右腰侧，拳心向上，左勾手变掌，向右、向左上方采手握拳，拳眼斜向下，高与目平，目视左拳。

（2）身体左转，右脚向前弧形上步呈右弓步，同时右拳向下、向后、向上、向前下方劈出，拳眼向上，高与肩平，左拳变掌，扶于右前臂内侧，拳心向右，目视右拳。

技术要点

弓步要规范，劈拳快速有力。

错误纠正

练习时易出现整体动作松散、上下肢动作不协调等问题。因此，应参照技术要点，体会动作要领。

图 4—1—11

上步左采右格肘

❋ **动作方法** 见图4-1-12

(1)身体先略左转,再略右转,同时右臂外旋,右拳略前伸,随即收抱于右腰侧,拳心向上,左掌顺右前臂下方向前采捋握拳,拳眼斜向上,目视左拳。

(2)身体左转,左脚向前上步,脚尖外展,同时右前臂向右、向前、向上、向左格肘,拳心斜向后上方,左拳置于右肘内侧,拳心向下,目视右前臂。

❋ **技术要点**

格肘以腰发力,拳心斜向后上方。

❋ **错误纠正**

练习时易出现动作不连贯、发力部位不准确等问题。因此,应参照技术要点,体会动作要领。

图4-1-12

腾空冲拳转身戳脚步右冲拳

❀ **动作方法** 见图4-1-13

（1）身体右转，左脚用力蹬地，右腿向前上方摆踢，身体腾空，同时右前臂向外格肘，随之右拳收抱于右腰侧，拳心向上，左拳向前上方冲出，拳眼向上，目视左拳。

（2）上动不停，右腿向下、向后摆动，左腿屈膝前摆，同时左拳收抱于左腰侧，拳心向上，右拳向前上方冲出，拳眼向上，高与口平，目视右拳。

（3）右腿屈膝前摆，左腿向下、向后摆动，同时左拳向前上方冲出，拳眼向上，高与口平，右拳收于右腰侧，目视左拳。

（4）身体在空中向左后方转体，随即两脚落地呈右戳脚步，同时右拳向前冲出，拳眼向上，高与胸平，左拳变掌，扶于右前臂内侧，掌心向右，目视右拳。

❀ **技术要点**

腾空要有高度，转身步形变换迅速，冲拳力达拳面。

❀ **错误纠正**

练习时易出现身体未腾空、冲拳发力部位不准确等问题。因此，应参照技术要点，体会动作要领。

图 4-1-13

抹掌右弹踢

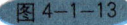 动作方法　见图 4-1-14

　　（1）身体立起，向右转体，右脚脚跟内扣落地，随之左脚向前上步，脚尖外展，同时右臂外旋，右拳变掌，掌心向下，收于左肘下方，掌指向左，随转体和上步左掌掌心向下、向右、向左前抹掌于体前，掌指向右，目视左掌。

　　（2）上动不停，右掌继续向下、向右、向上、向前、向下绕环置于裆前，掌心斜向内，掌指向下，左

套路练习

掌向左、向下、向右、向上绕环置于右肩前，掌心向右，掌指向上，目视右前方。

（3）重心左移，左腿站立，右脚脚尖绷直，向右前上方弹踢，目视右腿。

✦ 技术要点

弹踢腿膝关节不得弯曲，快速有力弹出，力达脚背。

✦ 错误纠正

练习时易出现弹踢腿膝关节弯曲、上下肢不协调等问题。因此，应参照技术要点，体会动作要领。

图 4-1-14

✦ 动作方法　见图 4-1-15

（1）右脚向下落步，右腿略屈，右掌向上、向左摆动，左掌向下、向右伸于右臂下方，两臂交叉于胸前，掌心均向下，目视右掌。

（2）身体先略左转，再略右转，同时右掌先内旋后外旋，向左、向后、向右绕环至右肩前，掌

心斜向上,掌指向右前方,左掌外旋,向前、向左、向后、向上绕环于头部左前方,掌心向上,掌指向左前方,先目视右掌,再目视左掌。

（3）重心右移,右腿站立,左腿屈膝、展髋高抬,随即向左上方踹出,同时右掌变勾手,右勾手向左、向后收于左肩前,勾尖向后,左掌内旋,变勾手向左勾击,勾尖向左,高与头平,目视左脚。

（4）右腿站立不动,左腿屈膝收回,展髋高抬,同时左勾手屈肘回收,目视左侧。

技术要点

（1）挺膝,展髋,猛踹。

（2）脚外侧朝上,力达脚跟。

错误纠正

练习时易出现脚尖朝上呈侧蹬腿、侧踹高度不够、收髋等问题。因此,应参照技术要点,体会动作要领。

图4-1-15

戳脚步右顶肘

动作方法 见图4-1-16

（1）左脚在身体左侧落步，同时两臂体前交叉，左臂在外，右臂在内，两掌心斜向外下方，目视左掌。

（2）身体左转，左脚尖、右脚跟外展，同时左掌向上、向左、向下、向后抡摆于身体左侧，掌心斜向前，右掌向下、向右、向上、向前下方塌掌，掌心向下，目视右掌。

（3）身体继续左转，右脚随即屈膝提起于左腿内侧，同时左掌内旋略下按，掌心向下，高与胸平，右掌变拳，外下按向左掩肘，拳心向上，高与肩平，目视右前臂。

（4）身体略右转，右脚向右侧跨步，随之左脚拖步向右跟进，呈左戳脚步，随即左掌扶于右拳面，右臂内旋，屈肘向右侧顶肘，右拳心向下，高与胸平，目视右肘。

技术要点

上肢变换迅速，顺肩顶肘，整体动作协调统一。

错误纠正

练习时易出现顶肘转肩、含胸、端肩等问题。因此，应参照技术要点，体会动作要领。

图 4—1—16

第二节

第二段

　　第二段动作主要以戳脚步为主，在套路练习中处于重要位置。戳脚步比其他步形的负荷量和运动量要大，经常练习，可以增强腿部肌肉群的力量、耐力和弹性，加强下肢骨骼的坚固性。

 勾手右蹬腿 ◆◆◆◆◆◆◆◆

动作方法 见图 4—2—1

　　（1）身体立起左转，左脚脚跟落地，重心移于左腿，同时右拳变掌，右掌弧形左摆于左前方，掌心向下，目视右掌。

　　（2）上体略右转后倾，重心右移，同时右臂先略内旋再外旋，右掌在面前向后、向右、向左前方平云（经头上平行绕环一周）一周摆于体前，掌心向上，高与胸平，左臂先外旋再内旋，左掌在右掌平云时向左、向后、向右前方平云一周，掌心向下，目光先随右掌，再视左掌。

（3）重心移于左腿，左腿略屈站立，上体侧屈前俯，右脚抬起，经左腿后方向上蹬出，力达脚跟，同时左掌变勾手，向左后搂手于左胯旁，勾尖朝上，右掌变勾手，屈肘落于左胸前，勾尖向后。

技术要点

（1）挺胸，直腰，收髋。
（2）脚尖回勾，蹬击要有爆发力。

错误纠正

练习时易出现踝关节放松、发力部位不准确等问题。因此，应参照技术要点，体会动作要领。

图4-2-1

 半马步撅臂

 动作方法 见图4-2-2

（1）身体略左转，右脚向右侧落步，两腿屈蹲呈左半马步，同时两勾手变掌，右臂内旋，右掌采手握拳，屈肘向右拉于腹前，拳心向下。

（2）左臂外旋，左掌握拳，左臂屈压，左前臂向上、向右下方横摆于身体左前方，拳心向上，高与肩平，目视左拳。

技术要点

上下肢动作协调连贯，目随手动。

错误纠正

练习时易出现身体前倾、半马步重心过高等问题。因此，应直腰、收腹，重心落于后腿。

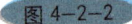

图4-2-2

 摆踢右上劈拳

动作方法 见图4-2-3

（1）重心略下沉右转，同时左前臂向右掩肘，目视左拳。

（2）上体左转立起，重心左移，同时左臂内旋，左拳向后收于右肘下方，拳心向下，右拳向右、向左上方贯拳，拳眼斜向下，高与头平，目视右拳。

（3）上体右转并略后仰，同时左拳变掌，顺右前臂采手，握拳伸于头部在前方，拳心向外，右臂内旋，右拳向后、向右平绕拉于右耳侧，拳心向外，目视左拳。

（4）上体前俯并向左上方翻转，重心移向右腿站立，左腿屈膝（以脚后跟为力点），向上、向左后勾摆，左脚略高过胯，同时右臂外旋，右拳向左前上方劈拳，拳心向上，高与头平，左拳变掌，扶于右前臂内侧，目视右拳。

图4—2—3

技术要点

直臂,以小指侧为力点,从上向下挥落。

错误纠正

练习时易出现劈掌时发力点不准确等问题。因此,应参照技术要点,体会动作要领。

 戳脚步右秘肘 ◆◆◆◆◆◆◆◆◆◆◆◆

动作方法 见图4-2-4

(1)身体先略左转,再右转,左腿略下落,同时右臂内旋,右拳变掌,向左下方抄摆于左腹前,随即右掌变勾手,向右上方刁手至右前方,勾尖斜向下方,高与鼻平,左掌下按于腹前,掌心向下,目视右勾手。

(2)身体略左转,左腿屈膝提于体前,同时左掌变勾手,经腹前向右、向左上方刁手至左前方,勾尖斜向外下方,高与鼻平,右勾手向下收于右腰侧,勾尖向左,目视左勾手。

(3)左脚向左前方跨步,右脚随之向前拖步跟进,呈右戳脚步,同时右勾手向左前方击出,勾尖斜向下,高与肩平,左臂屈肘,左勾手至左耳侧,勾尖向外下方,目视右勾手。

技术要点

步形变换与手形协调一致,力发于腰。

错误纠正

练习时易出现端肩、上下肢配合不协调等问题。因此,应重心落于右腿,塌腰、沉髋。

图 4-2-4

戳脚步采手右冲拳

 动作方法 见图 4-2-5

（1）身体右转，右腿屈膝提起，同时两勾手变掌，右掌向右、向后、向左划弧采手握拳于胸前，拳心向下，左掌向前、向下、向右划弧采手握拳于右拳前。

（2）右脚向前跨步，左脚随之向前拖步跟进呈左戳脚步，同时右拳从左手腕上向前冲出，拳心向下，高与肩平，左拳收于右肘下，拳心向下，目视右拳。

技术要点

右冲拳要快速有力，与步形配合协调。

错误纠正

练习时易出现身体前倾、冲拳发力部位不准确等问题。因此，出拳应力发于腰。

图 4-2-5

 戳脚步左搬肘

动作方法　见图4-2-6

（1）身体立起略左转，同时右拳左摆，两臂胸前交叉，右臂在上，左臂在下，两拳拳心向下，目视右拳。

（2）上体略后仰，同时右臂内旋屈肘，右拳向左、向后划弧绕环至头右前方，拳眼向下，高与头平，左臂外旋，左拳向前、向左直臂平摆于左前方，拳心向上，高与肩平，目视左拳。

（3）左脚向前上步，左脚脚尖勾起，并内扣，向右勾踢，同时左臂内旋，屈肘再伸直，向上、向后、向右、向前划弧，向左挥打搬肘，拳眼向下，右臂先外旋再内旋，划弧绕环收于左上臂下方，拳心向下，目视左拳。

图4-2-6

技术要点

下肢步形变化要与上肢手形变换协调一致。

错误纠正

练习时易出现步形变换与手形变换不协调、重心过高等问题。因此，应将重心压低，髋关节下沉。

翘脚步右搬肘

动作方法 见图4-2-7

（1）上体略右转，同时左拳右摆，两臂胸前交叉，左臂在上，左拳拳眼向下，右拳拳心向下，目视左拳。

（2）上体略后仰，左臂屈肘，左拳向右、向后划弧绕环至头部左前方，拳眼向下，高与头平，右臂外旋，右拳向前、向右直臂平摆于右前方，拳心向上，高与肩平，目视右拳。

（3）右脚向前上步，右脚脚尖勾起，并内扣，向左勾踢，同时右臂内旋，屈肘再伸直，向上、向后、向左、向前划弧，向右挥打搬肘，拳眼向下，左臂先外旋再内旋，划弧绕环收于右上臂下方，拳心向下，目视右拳。

技术要点

下肢步形变化要与上肢手形变换协调一致。

错误纠正

练习时易出现步形变换与手形变换不协调、重心过高等问题。因此，应将重心压低，髋关节下沉。

图4-2-7

上步右砸肘

套路练习

动作方法 见图4-2-8

（1）身体略右转，重心前移，右脚脚尖外展踏实，同时右臂外旋，右拳收抱于右腰侧，拳心向上，左拳变掌，沿右臂下方向前采手握拳于面前，拳眼斜向下，高与鼻平，目视左拳。

（2）左脚向右脚前上步，脚尖外展，右腿略屈膝，左拳收于左腰侧，拳心向上，右臂屈肘由下向前上方顶击，肘尖向右前方，目视右肘。

技术要点

上步要全脚掌着地，沉胯、踩脚。

错误纠正

练习时易出现上步动作缓慢、上体前倾等问题。因此，应注意控制上体角度，快速进步。

图4-2-8

上步左叠肘

动作方法 见图4-2-9

身体右转,右脚向前上步,右脚脚尖外展,同时左臂屈肘向前、向右叠肘,右拳变掌,扶于左肘处,掌指向上,掌心向左,目视右侧。

技术要点

上步要全脚掌着地,沉胯、踩脚。

错误纠正

练习时易出现上步动作缓慢、叠肘端肩等问题。因此,应注意控制上体角度,快速进步,肩关节放松。

图4-2-9

双采右膝打

动作方法 见图4-2-10

(1)身体右转,同时左拳变掌,与右掌一起向左前方划弧伸出,两掌掌心向下,高与胸平,目视两掌。

(2)右脚向前落步,右脚脚尖外展,身体略左转,同时两拳变掌,右掌向左前上方摆动,两前臂胸前交叉,掌心均向下,右臂在上,左臂在下,目视左侧。

图 4—2—10

 **技术要点**

动作要相互配合、变换迅速、协调一致。

 **错误纠正**

练习时易出现提膝不到位等问题。因此,屈膝提起时,膝部高度应超过髋关节。

左上搂勾踢

 **动作方法** 见图 4—2—11

(1)右脚向前落步,右脚脚尖外展,身体略左转,同时两拳变掌,右掌向左前上方摆动,两前臂胸前交叉,右臂在上,左臂在下,目视右掌。

(2)两臂先略内旋再外旋,右掌向后、向右、向前划弧绕环于体前,掌心向左,掌指向前,左掌向左、向后、向上划弧绕环于头部左前方,掌心向上,掌指向左前方,目视左掌。

(3)身体略右转,同时左掌变拳,从右前臂上方向右前方伸出,掌心向下,高与肩平,右掌略后收于左肘下方,拳心向上,目视左拳。

（4）身体略左转，重心右移，右腿屈膝下蹲，左脚脚跟擦地，向前上步勾踢，左脚脚尖上勾内扣，同时左掌变勾手向左下方搂手，勾尖向下，高与肩平，右掌变勾手收于左胸前，勾尖斜向下，目视左勾手。

技术要点

上步勾踢力发于腰，手形与下肢动作配合协调，上下呼应，一气呵成。

错误纠正

练习时易出现整体动作松散、不连贯等问题。因此，应参照技术要点，体会动作要领。

图4-2-11

戳脚步右顶肘

动作方法 见图4-2-12

（1）身体右转，左腿收回，左脚脚尖落地，全脚掌踏实，随之右腿屈膝提起，右脚脚尖自然下垂，同时两勾手变掌，右掌向前、向右、向后、向左划弧采手，左上臂下，掌心向上，左掌直臂向前推出，掌心向下，目视左掌。

（2）右脚向前跨步，左脚随之向前拖步跟进，呈左戳脚步，同时右掌变勾手，从左手腕上方向前击出，拇指一侧向上，勾尖向后，高与肩平，左掌略下按收于右肘下方，掌心向下，目视右勾手。

技术要点

转身按掌与交叉步同时进行，动作协调一致，一气呵成。

错误纠正

练习时易出现端肩、上下肢动作不协调等问题。因此，重心应落于右腿，塌腰、沉髋。

图4-2-12

第三节

第三段

第三段动作主要以灵活多变的手法和步法为主,突出上下肢的巧妙配合,包含了屈伸、回环、跳跃、翻转等动作,是对螳螂拳的系统练习。此段动作能够提高练习者的力量、速度、耐力、灵敏性和柔韧性。

震脚翘脚步左挑拳 ◆◆◆◆◆◆◆◆◆◆

动作方法 见图 4-3-1

(1)身体右转 90 度,右脚提起,脚尖外展,在左脚内侧震脚,同时右勾手变掌,右臂先外旋再内旋,右掌向右、向后、向左旋腕划小弧,随转体向下、向右采手握拳于腹前,拳心向下,左掌握拳收于左腰侧,拳心向上,目视右拳。

(2)身体继续右转约 90 度,右脚以脚跟为轴,脚尖外展,右腿屈膝下蹲,左脚向前上步,脚尖勾起呈翘脚步,同时右拳随转体向右后上方划弧摆至头部右前方,拳心向外,左拳从左腰侧向前上方挑拳,拳心向内,高与口平,目视左拳。

技术要点

震脚有力,重心略低,挑掌力达掌刃,沉腕。

错误纠正

练习时易出现上下肢动作配合不协调、挑掌发力部位不准确等问题。因此,应参照技术要点,体会动作要领。

图4-3-1

九打连环臂

动作方法 见图4-3-2

(1)身体左转,同时右拳向下、向前、向左横击,拳心向上,高与肩平,左拳变掌,扶于右前臂内侧,拇指一侧向上,目视右拳。

(2)身体略右转,同时右拳变勾手,用勾顶向右击出,勾尖向左,高与肩平,左掌仍扶于右前臂,目视右勾手。

(3)身体略左转,同时右臂内旋,右勾手用勾顶向左击出,勾尖向右,高与肩平,左掌仍扶于右前臂,掌指向上,目视右勾手。

(4)身体略右转,同时右勾手变掌,右掌向右砍掌,掌心向下,高与肩平,左掌仍扶于右前臂,掌

指向上,目视右掌。

(5)身体略右转,同时右掌向下、上后摆于右胯旁,掌心向下,左掌向上、向前、向下劈掌,掌心向右,掌指斜向上,高与肩平,目视左掌。

(6)身体略左转,同时右臂外旋,右掌向后、向上、向前、向下劈掌,掌心向左,掌指斜向上,高与肩平,左掌向后收于右肘下方,掌心向下,掌指向右,目视右掌。

(7)身体右转,同时右臂略内旋,右掌变勾手,向后上方刁手,勾尖向下,高与鼻平,左掌随转体后移,仍附于右肘下方,目视右勾手。

(8)身体左转,同时左掌变勾手,由右肘下方向左前上方刁手,勾尖向下,高与肩平,右勾手姿势不变,随转体向左移动,目视左勾手。

(9)两勾手同时向前上方伸臂,用勾顶击出,高与眉平,两勾尖向下,目视两勾手。

(10)两勾手变掌,两掌坐腕塌掌,左掌在前,右掌在后,两掌指向上,左掌心向右,右掌心向左,高与胸平,目视两掌。

技术要点

动作要连贯、快速，劈掌发力于腰，目随手动。

错误纠正

练习时易出现动作不连贯、上下肢动作不协调等问题。因此，应参照技术要点，体会动作要领。

图 4—3—2

弹踢上崩拳

动作方法 见图4-3-3

（1）身体右转，同时两臂内旋，右臂屈肘，右掌变拳，向右拉于右肩前，拳心向下，左臂伸直，左掌向左下方伸出，拇指一侧向下，高与胯平，目视左掌。

（2）身体左转90度，重心前移至左腿，左脚脚尖落地，踏实外展，左腿挺膝站立，右脚屈膝抬起，向前上方弹踢，脚尖绷直，左掌向左、向上、向前拦出，收扶于右前臂内侧，掌指向上，掌心向右，目视右拳。

技术要点

弹踢膝关节不得弯曲，弹出要快速有力。

错误纠正

练习时易出现支撑腿弯曲等问题。因此，支撑腿应伸直，力发于腰部，上下肢动作相互配合、协调一致。

图4-3-3

叉步右横击拳

动作方法 见图4-3-4

（1）左脚向前落地，脚尖内扣，身体左转90度，同时右臂外旋屈肘，右拳随转体向左摆动，拳心向内，高与鼻平，左掌顺右前臂外侧向上移动至右腕部，掌心向外。

（2）左脚经右腿后方向右插步，左脚脚跟抬起，同时左掌屈臂，上架于头左前上方，掌心向外，右臂内旋，右拳向下、向右横击于身体右侧，高与胸平，拳心向下，力达拳轮，目视右拳。

技术要点

叉步前腿弓，后腿脚跟抬起，重心落于两腿之间，击掌迅速有力。

错误纠正

练习时易出现叉步重心掌握不准确、身体过于前倾等问题。因此，应参照技术要点，体会动作要领。

图4-3-4

 戳脚步左架右捆肘 ◆◆◆◆◆◆◆◆

动作方法 见图4—3—5

（1）以右脚跟、左脚掌为轴，身体左转约180度，同时左掌向上、向右收于右肘下方，掌心向下，随之右拳向上、向左随转体向左贯击，拳眼斜向下，高与眉平，目视右拳。

（2）左掌顺右前臂下采，手握拳横架于头前左上方，拳眼向下，左臂外旋，右拳向后、向下收于右腰侧，拳心向上，目视左前方。

（3）身体左转，左脚向左前跨步，右脚随之向前拖步跟进，呈右戳脚步，同时右前臂向左前方推出捆肘，拳心向上，目视前方。

技术要点

动作变换要协调一致，以腰带臂，手眼相随。

错误纠正

练习时易出现上下肢动作不协调等问题。因此，应参照技术要点，体会动作要领。

图4—3—5

跳步右采左拿右冲拳

动作方法 见图4-3-6

（1）身体略立起右转，重心后移呈左半马步，同时两拳变掌，左掌向下、向右按掌于体前呈横掌，掌心向下，高与胸平，右臂内旋，右掌向后、向右下按于腹前呈横掌，掌心向下，右掌在后，左掌在前，目视左掌。

（2）重心前移，左脚用力蹬地，右腿屈膝向前上方摆动，身体腾空略左转，同时右掌向右、向前、向左划弧按掌呈横掌，掌心向下，高与胸平，左掌向后、向下按于腹前呈横掌，掌心向下，目视右上臂。

（3）右脚落地，身体略右转，左腿屈膝提起，同时右掌向右、向后划弧平摆于腹前变拳，拳心向下，左掌向左、向前划弧平摆于胸前变拳，拳心向下，目视左拳。

（4）左脚向前跨步，身体略左转，右脚随之向前拖步跟进，呈右戳脚步，同时右拳从左手腕上向前冲出，拳心向下，高与肩平，左拳收于右肘下方，拳心向下，目视右拳。

套路练习

技术要点

以腰带臂,手部动作变换迅速,发力于腰,手眼相随。

错误纠正

练习时易出现身体未腾空、冲拳发力部位不准确等问题。因此,应参照技术要点,体会动作要领。

图 4-3-6

跳换步左右爬掌

动作方法 见图 4-3-7

(1)身体略左转,重心后移,左腿屈膝抬起,同时两拳变掌,左掌向后收于腹前,掌心向下,右掌向下、向左上方划弧摆于胸前,掌心斜向前,目视右掌。

(2)身体略右转,右脚用力蹬地跳起,左腿屈膝上摆,身体腾空,同时右掌向右、向前上方爬掌,掌心斜向前下方,掌高过头,目视右掌。

(3)上动不停,右腿屈膝上摆,左腿自然下摆,在空中左掌由腹前经右手腕上方向前上方爬掌,掌心斜向前下方,掌高过头,同时右掌收于腹前,掌心向上,目视右侧。

(4)上动不停,在空中右掌由

腹前经左手腕上方向前上方爬掌，掌心斜向前下方，掌高过头，同时左掌收于腹前，掌心向下，目视右掌。

（5）左右脚相继落地，呈右半马步，同时右掌下落于体前，掌心向下，高与肩平，左掌仍于腹前，掌心向下，目视右掌。

❀ **技术要点**

动作变换要协调，跳换步法要灵活。

❀ **错误纠正**

练习时易出现跳步连接缓慢等问题。因此，应参照技术要点，体会动作要领。

图4—3—7

跳步右蹬踹

动作方法 见图4-3-8

(1)右脚向前进步,右腿屈膝,同时右掌变拳,右臂外旋屈肘,向右、向下、向上抄起,目视右拳。

(2)右脚用力蹬地,左腿前上方摆动,身体腾空,上体右转,右腿由屈至伸,右脚向前上方蹬踹,右脚脚尖外展,斜向右上方,高与胸平,同时右拳收于右腰侧,拳心向上,左掌从右臂上向前横掌推出,掌心向下,目视前方。

技术要点

跳换步法要灵活,蹬踹快速有力,动作协调一致。

错误纠正

练习时易出现蹬踹发力不准确等问题。因此,应以腰部为中心,进行发力练习。

图4-3-8

落步右叠肘

动作方法　见图4-3-9

左右脚相继落地,两脚脚尖内扣,两腿屈膝下蹲,身体左转,同时右肘向左叠肘,左掌扶于肘部,目视右肘。

技术要点

落步要稳,叠肘要充分。

错误纠正

练习时易出现端肩、含胸等问题。因此,应参照技术要点,体会动作要领。

图4-3-9

左右贯拳右顶肘

动作方法　见图4-3-10

(1)身体右转略立起,重心右移呈右弓步,同时右臂外旋,屈肘后顶,右拳收于右腰侧,拳心向上,左掌变拳,向下经左腰侧向右上方贯拳,拳眼斜向下,高与头平,目视左拳。

(2)身体左转,同时左臂外旋,屈肘后顶,左拳收于左腰侧,拳心向上,右拳变掌,由腰侧向左上方贯出,掌心向前,高与头平,目视右掌。

(3)身体略右转,右臂屈肘,用肘尖向右顶击,右掌变拳,拳眼斜向下,目视右肘。

图 4-3-10

技术要点

臂呈弧形,弧线摆动,腰、臂协调用力,力达拳面。

错误纠正

发力时易出现上体后仰,挺腹等问题。因此,应重点体会蹬地转腰的要领和内力的运用。

套路练习

动作方法 见图 4-3-11

（1）身体右转，同时右臂外旋，右臂屈肘，贴肋后顶，右拳收于右腰侧，拳心向上，左拳由腰侧向胸前冲出，左臂屈肘，拳心向下，高与胸平，目视左拳。

（2）身体略左转，同时左拳向下、向后按压于腹前，拳心向下，右拳由右腰侧经左腕上方向体前冲出，右臂屈肘，拳心向上，高与胸平，目视右拳。

（3）身体略右转，同时右臂旋转，右拳向下按压于胸前，拳心向下，左拳由腹前经右腕上方向体前冲出，左臂屈肘，拳心向下，高与胸平，目视左拳。

（4）身体略左转，右脚向前跨步，左脚随之向前拖步跟进，呈左戳脚步，同时右拳直臂向前冲出，拳心向下，高与腹平，左拳下按，收于右肘下方，拳心向下，目视右拳。

 **技术要点**

步形变换迅速，冲拳力达拳面，连贯有力。

 **错误纠正**

练习时易出现整体动作松散、不连贯等问题。因此，应参照技术要点，体会动作要领。

图 4—3—11

跳转身右横击肘

动作方法 见图 4—3—12

（1）身体立起，向左转体，左脚向左前方上步，腾空跳起，同时右拳向左上方贯拳，高与鼻平，左拳变掌，随右前臂摆动，仍贴于右肘下方，掌心向下，目视右拳。

（2）左脚蹬地，右脚向前跳步，脚尖内扣，身体向左后方转体180度，右腿向后摆动，同时左掌顺右前臂下采手握拳，向左平摆于体前，拳心向下，高与肩平，右臂略内旋屈肘，右拳后收于头右前方，拳眼向下，目视左拳。

（3）身体继续向左后方转体

180度，左脚向前跨步，右脚拖步向前跟进，呈右戳脚步，同时右臂外旋，随转体向后、向右、向左前横击肘，右拳心向上，右肘略屈，左拳随转体向左平摆，扶于右前臂内侧，拇指一侧向上，目视右前臂。

技术要点

跳转要迅速，腰部发力，击肘顺肩，力达肘尖。

错误纠正

练习时易出现身体未腾空等问题。因此，跳转应有高度，转身连接紧凑。

图 4—3—12

第四节

第四段

第四段动作主要以手法、步法和身法的整体协调配合为主，除依靠手法、步法的变化，创造进攻和防守的有利条件外，第四段动作更突出身法的技术运用。

左砸肘前蹬踹

动作方法 见图 4-4-1

（1）身体先略左转，再略右转立起，同时右拳变掌，右前臂略向左后方掩肘，左臂内旋，左拳向左、向前划弧，右臂内旋，右掌握拳，后拉于身体右后方，拳心向上，高与胯平。

（2）左掌握拳，左前臂外旋屈肘，用左前臂向后下方砸肘，拳心向上，高与腹平，右脚在右拳后拉、左前臂下砸时向前上方蹬踹，脚尖外展，高与膝平，目视左前臂。

图 4-4-1

技术要点

蹬踹快速有力，动作配合协调。

错误纠正

练习时易出现蹬踹发力不准确等问题。因此，应以腰部为中心，进行发力练习。

跳换步左右爬掌

动作方法 见图 4-4-2

（1）右脚向身后落地，右脚脚跟抬起，左腿屈膝，身体略左转，同时两臂内旋，两拳变掌，下伸于左膝外侧，两掌指向下，掌心背对，目视两掌。

（2）身体立起，略右转，两腿伸直站立，同时右臂屈肘，右掌随之向上提于左肩前，掌心向外，目视左掌。

（3）身体继续右转，重心移于右腿，左脚脚跟抬起，同时两掌提拉向右上方摆动，随之右拳下按于腹前，掌心向下，左掌摆于面前，高与鼻平，掌心斜向前，目视左掌。

（4）右腿伸直站立，左腿屈膝抬起，左脚脚尖绷直，左膝高过胯部，身体前俯抬头，同时左掌下按，收于右肘下方，掌心向下，右掌变勾手，向前上方击出秘肘，勾尖向左后方，高与头平，目视右勾手。

❀ 技术要点

抬腿高度超过腰，按掌秘肘变换灵活，动作连接紧密。

❀ 错误纠正

练习时易出现抬腿高度未超过腰部等问题。因此，应参照技术要点，体会动作要领。

图4-4-2

戳脚步左刁右栽肘

动作方法 见图4-4-3

（1）左脚向左前方落步呈戳脚步，身体先略右转，再略左转，同时左掌顺右前臂下方向左上方刁手变勾手，停于头部左前方，勾尖斜向外下方，高与头平。

（2）右臂屈肘，以肘为力点向下击出栽肘，右肘高与左膝平，右勾尖向后。

图4-4-3

技术要点

步型变化要迅速，上下肢动作配合协调。

错误纠正

练习时易出现重心过高、上下肢动作不协调等问题。因此，应重心落于右腿，塌腰、沉髋。

双采右扣脚

动作方法 见图4-4-4

（1）身体略立起，向左转体，同时两勾手变掌，向下、向左、向上划弧平摆于体前，两掌心向下，高与胸平，目视两掌。

（2）左脚向前上半步呈扣步，上体右转，两腿略屈，同时两掌变拳，左臂外旋，右拳向右、向后拉于右腰侧，左拳心向上，右拳心向下，目视左拳。

技术要点

双采动作配合要协调，扣脚重心略低，保持身体平衡。

错误纠正

练习时易出现重心过高等问题。因此，步形应准确，动作一气呵成。

图 4-4-4

戳脚步右崩拳

动作方法　见图 4-4-5

（1）身体右转，右脚向右前方跨步，随之左脚向前方拖步跟进，呈左戳脚步，同时左臂内旋，左拳变掌，向上、向前下按收于右肋下方，掌心向下。

（2）右拳随之向后、向上经左前臂内侧向前上方崩拳，高与鼻平，拳心斜向上，目视右拳。

技术要点

崩拳与步形配合协调，力达拳面。

错误纠正

练习时易出现重心过高、崩拳发力不准确等问题。因此，应参照技术要点，体会动作要领。

图 4-4-5

按肩右崩拳

动作方法 见图4-4-6

（1）身体左转，重心左移呈左弓步，同时右臂内旋，伸直于身体右侧，拳心向后，左拳变掌，按于右肩前，掌心向里，掌指斜向上，目视右侧方。

（2）身体右转，重心右移变右弓步，同时左掌由肩前向前下按，收于右肘下方，掌心向下，右拳向后、向上经左前臂内侧向前上方崩拳，拳心斜向上，高与鼻平，目视右拳。

技术要点

以腰带动肩，按肩崩拳动作连贯。

错误纠正

练习时易出现动作不连贯、转肩动作僵硬等问题。因此，应参照技术要点，体会动作要领。

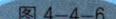

图4-4-6

贯拳右侧踹

动作方法 见图4-4-7

（1）身体左转，重心左移，同时右拳随转体向左摆动，随之收于右腰侧，拳心向上，左掌顺右前臂外侧向上采手握拳，拳心向外，高与头平，目视左拳。

（2）重心移于左腿，左腿支撑站立，右腿由屈至伸，右脚向右上方

端出,脚尖向前,同时右拳顺右腰侧向左上方贯拳,拳眼斜向下,左拳变掌,扶于右拳背,目视右脚。

图 4-4-7

技术要点

（1）挺膝,开髋,猛端。

（2）脚外侧朝上,力达脚跟。

错误纠正

练习时易出现脚尖朝上呈侧蹬腿、侧端高度不够、收髋等问题。因此,应参照技术要点,体会动作要领。

虚步双摆掌

动作方法 见图 4-4-8

（1）身体略右转,左脚蹬地,右脚经左腿前方向左侧跳步,两脚略腾空,随之右脚落地,左腿屈膝提起,停于右腿后侧,同时右拳变掌,两臂外旋,两掌向右、向下摆于身体右侧,左掌心向后,右掌心向前,高与胯平,目视右侧方。

（2）身体先左转，再右转，右脚蹬地，左脚向左跨步，随之右脚后移呈右虚步，同时两臂先内旋再外旋，两掌向左经腹前向上、向右抡摆于身体右侧，右臂略屈，右掌心向前，掌指向上，左臂屈肘，左掌摆于右肘内侧，掌指向上，目视右掌。

![技术要点]

步形变换与手形变换协调一致，力发于腰。

![错误纠正]

练习时易出现步形变换不协调、重心过高等问题。因此，应沉髋、塌腰，重心落于支撑腿。

图4-4-8

翻身抡臂栽拳 ◆◆◆◆◆◆◆◆

![动作方法] 见图4-4-9

（1）身体略左转，右掌向下、向左摆动，两臂略屈，在腹前交叉，两掌心均向后，左臂在外，目视左掌。

（2）身体右转，重心右移，右脚脚跟落地踏实，右腿屈膝略下蹲，左腿挺膝伸直，同时左臂外旋，左掌向下、向左、向上抡摆于身体左侧，大

拇指一侧向上，高与肩平，右臂内旋，右掌向上、向右、向下抡臂摆于身体右侧，大拇指一侧向上，高与肩平，目视前方。

（3）上动不停，身体继续右转，同时右掌直劈，向下、向后立圆摆于右后下方，掌心向左，高与胯平，左掌直劈，向上、向前立圆摆于左前上方，掌心向右，高与头平，目视左掌。

（4）重心移于右腿，左腿屈膝提起，左脚离地收于右踝内侧，脚尖自然下垂，同时两掌变拳，目视左拳。

（5）左脚向前跨步，随之右脚向前拖步跟进，呈右戳脚步，同时左臂屈肘，左拳向右、向下、向左上方划弧，横架于头左前上方，略高过头，拳眼斜向下，右臂屈肘，右拳向上经右耳侧向前下方冲出栽拳，右臂伸直，拳心斜向下，右拳离地约 20 厘米。

🌼 技术要点

腰部放松，抡臂动作舒展。

🌼 错误纠正

练习时易出现端肩、抡臂动作僵硬等问题。因此，应参照技术要点，体会动作要领。

图 4-4-9

 双架左弹踢

![动作方法] 见图 4-4-10

（1）身体立起，左脚向前上步，右腿略屈，同时两拳变掌，两腕交叉架于头部前上方，掌高与头平，两掌心向前，右掌在外，目视两掌。

（2）重心前移，右腿挺膝站立，左腿提起由屈至直，左脚向前上方弹踢，脚面绷平，高与胸平，同时两掌变勾手，分别向左、向右后下方划弧搂于身后，两臂伸直斜后下垂，勾尖均向上，目视左脚脚尖。

![技术要点]

弹踢腿膝关节不要弯曲，弹出快速有力，力达脚背。

错误纠正

　　练习时易出现弹踢腿膝关节弯曲、上下肢动作不协调等问题。因此,应参照技术要点,体会动作要领。

图 4-4-10

膝打扑掌虚步双勾手

动作方法　见图 4-4-11

　　(1)左腿向下、向后屈膝回收,左脚后摆于身后,同时两勾手变掌,两臂伸直,分别经体侧向上、向前抡摆斜上举,掌心向前,目视前方。

　　(2)左腿屈膝高抬,左脚脚尖绷直下垂,同时两掌变勾手,向前、向下搂手于两胯旁,勾尖向后,目视前下方。

　　(3)两臂后伸,两勾手勾尖向上,左腿后摆展胯,上体略前倾,目视前方。

　　(4)上体收腹,左膝向前落步,左腿屈膝前弓,右腿挺膝伸直呈左弓步,同时两勾手屈肘上提,经两腰侧变掌向前下方扑掌,两掌心向下,目视两掌。

（5）左脚用力蹬地,左脚回收半步,脚尖点地,右腿屈膝半蹲呈左虚步,同时两掌变勾手,向后搂手于体前,两臂屈肘,勾尖向下,左勾顶高与肩平,右勾手收于左肘内侧,目视左勾手。

图 4—4—11

提膝肘,支撑腿伸直,手部动作变换迅速,掌握虚步重心。

练习时易出现提膝高度未超过髋关节、虚步过高、重心不稳等问题。因此,应参照技术要点,体会动作要领。

左采手右劈掌

动作方法 见图4-4-12

（1）身体先略右转，再略左转，左脚向右前方弧形上步，脚尖外展，同时左勾手变掌，向右、向左上方采按，掌心斜向前下方，右勾手变掌，下按于右腰侧，掌心向下，目视左掌。

（2）身体左转，右脚向前弧形上步，同时右臂伸直外旋，右掌向下、向后、向上、向前抡臂劈掌，大拇指一侧向上，高与肩平，左掌扶于右前臂内侧，掌指向上，目视右掌。

技术要点

手部动作变换要迅速、协调，力达掌刃。

错误纠正

练习时易出现劈掌发力不准确、动作配合不协调等问题。因此，应参照技术要点，体会动作要领。

图4-4-12

虚步右架左冲拳

见图 4-4-13

动作方法

重心移于左腿,左腿略屈膝,右脚脚尖点地,右腿略屈呈右虚步,同时右掌变拳,屈肘回收,架于头部右前方,右肘下垂,拳与头平,左掌变拳,向前冲出,拳眼向上,高与肩平,目视左拳。

技术要点

步形变换要快速,冲拳力发于腰,动作一气呵成。

错误纠正

练习时易出现步形不协调、重心过高等问题。因此,应沉髋、塌腰,重心落于支撑腿。

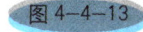

图 4-4-13

格肘后蹬双秘肘

见图 4-4-14

动作方法

(1)下肢步形不变,身体左转,同时左拳屈肘收抱于左腰侧,拳心向上,右前臂外旋,随转体向左格肘,右拳心向后,高与头平,目视右前臂。

(2)身体右转,重心右移,右脚脚跟踏实,随之左脚经右脚后方向右插步,同时右拳屈肘收抱

于右腰侧，拳心向上，左前臂向上、向右格肘，左拳心向后，高与头平，目视左前臂。

（3）身体左转，上体侧倾前俯，右腿屈膝抬起，同时左拳屈肘，收抱于左腰侧，拳心斜向上。

（4）左腿挺膝站立，右腿由屈至伸向后上方蹬出，脚尖斜向下，略高于头，同时两拳变勾手，两勾手以勾顶为力点，一起向前上方击出，两勾尖向后，右手高、左手低，两勾手相距约 30 厘米，目视两勾手。

❋ 技术要点

动作连贯，呈虚步时，重心落于右腿上，右大腿与地面平行，左腿略屈，脚尖点地。

❋ 错误纠正

练习时易出现整体动作松散、不连贯，重心掌握不准确等问题。因此，应参照技术要点，体会动作要领。

图 4-4-14

上步右塌掌

动作方法 见图4-4-15

（1）身体右转，右脚在右侧落地，同时两勾手变掌，右掌直劈，向右、向下、向左摆动，左掌向下、向右摆动，两臂略屈，胸前交叉，两掌心均向前，目视右掌。

（2）重心右移，右臂内旋，右掌向上、向右、向下劈掌于身体右侧，掌心向前，高与肩平，左臂外旋，左掌向下、向左、向上摆动于身体左侧，掌心向前，高与肩平，目视右掌。

（3）以右脚跟、左脚掌为轴，身体右转呈交叉步，同时右臂外旋，右掌直劈，向下、向后摆于身后，掌心斜向前下方，掌指向后，高与胯平，左掌向上、向前抡摆于身体左前上方，掌指向前，高与头平，目视左掌。

（4）身体略左转，左脚向前跨步，右脚随之向前拖步跟进，呈右戳脚步，同时左掌向下、向后、向上摆于左后上方，左臂略屈，掌心向外，高与肩平，右臂先外旋再内旋屈肘，右掌向上、向前、向下塌掌，右臂略屈，掌心向下，目视右掌。

图 4-4-15

技术要点

上步要全脚掌着地，沉胯、踩脚。

错误纠正

练习时易出现动作不连贯等问题。因此，应上步动作迅速，与上肢动作快速连接。

戳脚步双帮肘

动作方法 见图 4-4-16

（1）身体左转，右脚屈膝抬起，同时两掌变拳，右臂外旋，向左掩肘，目视右前臂。

（2）身体右转，右脚向前跨步，随之左脚向前拖步跟进，呈左戳脚步,同时右臂内旋,左拳扶于右腕部,左拳助力与右前臂向前推出帮肘,两拳心斜向外下方,高与腰平,目视两拳。

图 4—4—16

技术要点

上下肢动作协调连贯,目随手动。

错误纠正

练习时易出现戳脚步动作掌握不准确等问题。因此,应直腰、收腹,重心落于两腿之间。

三拳两脚

动作方法 见图 4—4—17

(1)身体略立起左转,重心左移,左脚脚跟落地,两腿屈膝下蹲呈右半马步,同时左拳收于左腰侧,拳心向上,右拳屈肘下砸于腹前,拳心向上,高与腹平,目视右拳。

（2）重心右移，右腿略屈膝站立，左腿提起由屈至伸，左脚向前蹬踹，脚尖外展，高与膝平，目视左脚。

（3）身体略右转，左脚向后落步呈右弓步，同时右拳收于右腰侧，拳心向下，左拳由左腰侧向前冲出，拳眼向上，高与肩平，目视左拳。

（4）身体左转，重心后移，左腿呈右虚步，同时左拳收抱于腰侧，拳心向上，右拳向后、向上、向下砸于腹前，拳心向上，目视右拳。

（5）右脚提起，以脚外侧为力点向右侧上方铲出，脚掌向下，目视右脚。

❋ 技术要点

出拳有力，拳脚动作配合协调。

❋ 错误纠正

练习时易出现上下肢动作配合不协调、出拳发力不准确等问题。因此，应参照技术要点，体会动作要领。

图 4-4-17

跳步提膝右冲拳

 **动作方法** 见图 4-4-18

（1）身体右转，右腿收回，屈膝提起，同时两臂内旋，两拳变掌，右掌向右、向后、向左平圆划弧于胸前握拳，拳心向下，左掌向左、向前、向右划弧握拳于右拳前，拳心向下，高与胸平，目视左拳。

（2）左脚蹬地跳起，右脚在体前落地，随之左腿屈膝高提，膝高过腰，同时右拳从左手腕上方向前冲出，拳心向下，高与肩平，左拳收于右肘下方，拳心向下，目视右拳。

111

技术要点

跳换步要腾空,提膝快速,冲拳有力,动作协调一致。

错误纠正

练习时易出现身体未腾空等问题。因此,跳转应有高度,冲拳有力且动作紧凑。

图 4—4—18

翘仆步下冲拳

动作方法 　见图 4—4—19

身体左转,右腿屈膝全蹲,左腿向左仆腿伸直,脚尖勾起呈翘仆步,同时左臂外旋,左拳顺左腿内侧向下冲拳,拳眼向上,右拳拳眼向上,直臂伸于右侧上方,目视左拳。

技术要点

步形变化迅速,冲拳有力,力发于腰,动作协调一致。

错误纠正

练习时易出现冲拳发力不准确等问题。因此,应参照技术要点,体会动作要领。

图 4—4—19

半马步双勾手

动作方法 见图4-4-20

（1）重心前移，左腿屈膝，右腿挺膝伸直，身体左转呈左弓步，同时两拳变掌，两臂于体前交叉，右臂在上，两掌心均向下，目视右掌。

（2）重心全部移于左腿，右脚提起扣于左膝一侧，右手向上、向右、向下、向后划弧绕环至左肘下方，右臂屈肘，掌心向下，同时左手向下、向左、向上划弧绕环前伸于胸前，掌心向上，目视左掌。

（3）身体右转，右脚向后落步呈左半马步，同时两掌变勾手，随重心后移，向下、向后搂手于体前，两臂屈肘，两勾尖向下，右勾手收于左肘内侧，左勾顶高与肩平，目视左勾手。

技术要点

步形变换快速、灵活，手形变化与发力一气呵成。

错误纠正

练习时易出现马步重心过高等问题。因此，应沉髋、立腰，重心落于两腿之间。

图4-4-20

 并步按掌

❁ **动作方法** 见图 4—4—21

（1）身体右转，左脚脚跟外展，左腿蹬直，右腿屈膝，同时两勾手变掌，两掌直臂平伸于身体两侧，掌心均向上，高与肩平，目视右掌。

（2）身体立起，左脚向右脚并步，同时两掌向里经胸前下按于身体两侧，两臂略屈，两掌心向下，高与胯平，目视左侧。

❁ **技术要点**

两脚并拢，两掌下按，两肩下沉。

❁ **错误纠正**

练习时易出现两脚未并拢、两膝未夹紧等问题。因此，应参照技术要点，体会动作要领。

图 4—4—21

 **收势** ◆◆◆◆◆◆◆◆◆◆

❋ **动作方法** 见图4-4-22

　　左脚向前上步，随之右脚向左脚并步站立，同时两臂自然下垂于体侧，目视前方。

❋ **技术要点**

　　两臂放松，气向下沉，头正顶竖，精神集中，心平气和，呼吸自然。

❋ **错误纠正**

　　练习时易出现身体过于紧张等问题。因此，身体应保持直立，呼吸顺畅，目视前方。

图4-4-22

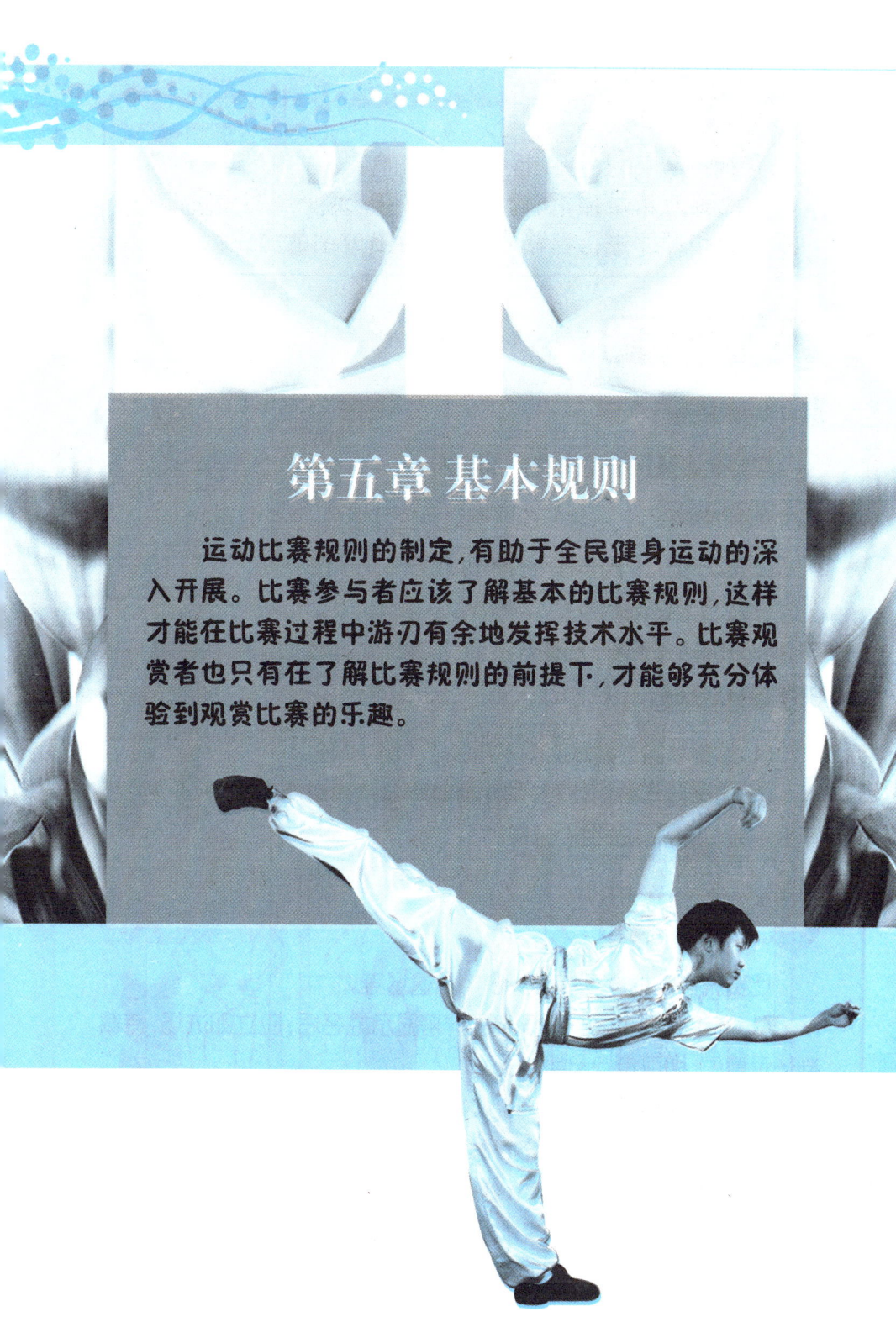

第五章 基本规则

运动比赛规则的制定,有助于全民健身运动的深入开展。比赛参与者应该了解基本的比赛规则,这样才能在比赛过程中游刃有余地发挥技术水平。比赛观赏者也只有在了解比赛规则的前提下,才能够充分体验到观赏比赛的乐趣。

第一节
比赛方法

比赛方法是指,在螳螂拳比赛中,选手按照一定的组织形式和顺序进行套路表演,并评出成绩的方法。

比赛性质 ◆◆◆◆◆◆◆◆◆

比赛类型

螳螂拳比赛包括个人赛和团体赛。

年龄组别

(1)成年组:18 周岁以上(含 18 周岁)。

(2)少年组:12 周岁至 17 周岁。

(3)儿童组:不满 12 周岁。

套路时间

(1)螳螂拳自选套路时间不得少于 1 分 20 秒。

(2)如果分年龄组比赛,则比赛时间分别为成年组 1 分 20 秒,少年组 1 分 10 秒,儿童组 1 分钟。

比赛流程 ◆◆◆◆◆◆◆◆◆

比赛流程包括进场、起势、收势和退场等。

(1)选手听到点名或看到电子屏幕显示姓名后,应立即进场,待裁判长示意后,即可走向起势位置。

(2)选手身体任何部位开始动作即为起势(计时开始),集体项目在行进间开始动作者,须事先向裁判申明。

(3)选手完成整套动作后,须并步收势(计时结束),再转向裁判长行注目礼,然后退场。

(4)选手应在同侧场地内完成相同方向(左右不得超过 90 度)的

起势与收势,集体项目必须在场内完成起势与收势,方向、位置不限。

（5）选手听到上场比赛的点名和赛后示分时,应向裁判长行抱拳礼。

第二节
裁判方法

在比赛过程中,裁判人员通过履行其职责,进行正确的裁判工作,确保比赛的公平、公正。

裁判人员

裁判人员包括裁判长和裁判员。其中,裁判员包括 3～5 名评判动作规格的裁判员和 3～5 名评判演练水平的裁判员。

评分

比赛满分为 10 分,其中动作规格分值为 6.8 分,演练水平分值为 3 分,创新难度分值为 0.2 分。

裁判员评分

动作规格分

动作规格分的满分为 6.8 分。裁判员根据选手现场发挥的技术水平,按照动作规格要求,减去该动作规格中出现的错误扣分和其他错误的扣分,即为选手的动作规格分。

演练水平分

演练水平分的满分为 3 分。裁判员根据选手现场表现的整套演练水平,按照螳螂拳在功力、演练技巧、编排等方面的评判标准,整体比

较,确定扣分,从该类分值中减去应扣分数,即为选手的演练水平分。

❄ 裁判员示分

裁判员所示分数可到小数点后两位数,小数点后第 2 位数必须是 0 或 5。

❄ 应得分数

动作规格分与演练水平分之和即为选手的应得分数。动作规格分与演练水平分的确定方法为:

(1)3 个裁判员评分时,取 3 个分数的平均值为选手的应得分。

(2)4～5 个裁判员评分时,去掉最高分和最低分,取中间 2 个或 3 个分数的平均值为选手的应得分。

(3)选手的应得分数只取到小数点后两位数,小数点后第 3 位不作四舍五入。

▼ 裁判长扣分

❄ 起势、收势

(1)起势与收势方向不符合要求者,扣 0.1 分。

(2)起势与收势有意拖延时间要扣分,一个动作达 8 秒者,扣 0.1 分;达 10 秒者,扣 0.2 分;达 12 秒者,扣 0.3 分。

❄ 重做

(1)选手因客观原因,造成比赛套路中断,经裁判长允许,可重做一次,不予扣分。

(2)选手因遗忘、失误等原因造成比赛套路中断,可重做一次,扣 1 分。

(3)选手临场受伤不能继续比赛,裁判长有权令其中止,经过简单治疗即可继续比赛的,可安排在该组最后一名继续上场,按重做处理,扣 1 分。

出界

(1)身体的某一部位接触线外地面,扣 0.1 分。

(2)整个身体出界,扣 0.2 分。

平衡时间不足

(1)凡指定的持久平衡动作的静止时间不足 1 秒者,扣 0.2 分。

(2)不足 2 秒者,扣 0.1 分。

不足或超出规定时间

(1)没有在规定时间内完成套路,不足或超出规定时间在 2 秒内者(含 2 秒),扣 0.1 分。

(2)在 2 秒以上至 4 秒者(含 4 秒),扣 0.2 分,依次类推。

服装不符合规定

在比赛中,发现选手服装违反规定,则取消其该项成绩。

动作组别不够

任何自选套路,动作组别少于规定的要求时,每少 1 个手形、步形、腿法、跳跃、平衡动作和规定的一种方法,扣 0.3 分。步形和平衡动作,均以定势为准,过渡的或一晃而过的都不算规定的步形和平衡。

规定套路的动作缺少或增加

(1)漏做或增加一个完整的动作,扣 0.2 分。

(2)跳跃动作的助跑步数或行进动作的步数缺少或增加,每出现 1 次,扣 0.1 分。

指定动作扣分

(1)如未选择一组指定动作,除扣去该组指定动作的难度分值外,还应按漏做动作扣分,每漏做 1 个动作扣 0.3 分。

(2)附加或漏做 1 个或几个动作时,按动作附加或漏做动作扣分,每附加或漏做 1 个动作扣 0.3 分。

(3)改变动作可视为附加或漏做。

(4)每改变 1 次规定要求的方向,扣 0.3 分,如果由于方向改变出

裁判方法

现附加或漏做,则按附加或漏做扣分。

(5)重做指定动作的部分或全部,对动作中错误的扣分,以▨▨完成的动作为准。

(6)如自选套路指定动作位置确定图表填报错误,将在该项▨得分中扣 0.3 分。

裁判长对评分调整

(1)当评分出现明显不合理现象时,在出示选手最后得分前,裁判长须报告总裁判长,经总裁判组同意,可召集场上裁判员协商或同个别有关裁判协商,改变分数。

(2)当有效分数(除去最高与最低)之间出现不允许的差数时,在出示选手的最后得分前,裁判长可召集场上裁判员协商或同个别有关裁判协商,改变分数。

最后得分

裁判长从选手的应得分中减去"裁判长扣分",再加上"创新难度动作"加分,即为选手的最后得分。